କୋସଲ ବାହିର ପୁଆନ ସୋର

ସଂପାଦନା

ସାକେତ ଶ୍ରୀଭୂଷଣ ସାହୁ

VIDYA
PUBLISHING INC.

ବିଦ୍ୟା ପବ୍ଲିଶିଙ୍ଗ୍

ଟରୋଣ୍ଟୋ, କାନାଡ଼ା ॥ ଭୁବନେଶ୍ୱର, ଓଡ଼ିଶା

କୋସଲ ବାହିର ଯୁଆନ ସୋର

ସଂପାଦକ : ସାକେତ ଶ୍ରୀଭୂଷଣ ସାହୁ

ପ୍ରକାଶକ : ଡ. ତନ୍ମୟ ପଣ୍ଡା, ଡ. ସୁନନ୍ଦା ମିଶ୍ର ପଣ୍ଡା
ବିଦ୍ୟା ପବ୍ଲିଶିଙ୍ଗ୍ ଇଙ୍କ୍, ଟରୋଣ୍ଟୋ, କାନାଡ଼ା

ପ୍ରଥମ ସଂସ୍କରଣ : ଅଗଷ୍ଟ, ୨୦୨୫

....

KOSAL BAHIR JUAN SOR

Edited By Saket Sreebhusan Sahu

ISBN : 978-1-998475-92-6

First Edition : August, 2025

Published by : Dr. Tanmay Panda & Dr. Sunanda Mishra Panda
Vidya Publishing Inc.,
Toronto, Canada || Bhubaneswar, Odisha
Website : www.vidyapublishing.com
Email : vidyapublishinginc@gmail.com
Cell : +1 6478389884

Odisha Contact : Nirmalya Garden, Plot 516/1719, House 10,
KIIT Post Office, Patia, Bhubaneswar - 751024
Cell : +91 8984131810

Cover Design : Saket Sreebhusan Sahu
Printed at : Biswanath Enterprises, India

Price : ₹ 250/-

ସୂଚୀପତର

▢▢

ସଂପାଦକୀୟ

କବିତା ଭିତରେ ହମିଶା ଗୁଟେ ତାକତ ଥିସି ଯେନଟା ଜୀବନର ଖପେନିଖପେ, ଜିଁ'ଲା ତାକତବର ଆକାରମାନକୁ ଫଟିକ ଦେଖେଇପାରସି । ଇ ସଂକଲନ ଥି ହରେକ କବିତା ଗୁଟେ ଝର୍କା; ଘାଏ ଘାଏ ଦର୍ପନ; ଯେନ ନ କି ପାଠକକେ ନିଉତା ଦିଆହେସି ବାହାର ଦୁନିଆଁ ଦେଖବାରକେ ବରଂ ଭିତରେ ହନ୍ଦଲେଇ ହଉଥିବା ଗୁଟେ ଚୁପ ଉଲଗୁଲାନକେ ବୁଝବାରକେ ବି ।

ଇଥିର ପଦମାନେ ଖାଲି କହେବାର ନାଇଁ; ଶୁନୁଛନ, ଶାଁସ ନଉଛନ, ଆର ଶେଷ ଧାଡି ନ କେତନି ବେଲ ତକ ଉଲମିଥିସନ ବି । ସେମାନେ ସୁରତାର ବୋଝ, ଇଛାର କଅଁଲପନ, ନକସାନର ଦରଦ, ଆଶାର କିରନକେ ବୁହିଛନ । କବିମାନକର ସୋର ଭାବନା ସହେତେ ବୁନା ହେଇଥିବା ଗୁହେର ବ୍ୟକ୍ତିଗତ ଭାବ ହେଲେବି ଚିହ୍ନାର, କେତେବେଲେ ବ୍ୟକ୍ତିଗତ ତ କେତେବେଲେ ଜାଗତିକ ।

ପୃଷ୍ଠାମାନେ ଲେହଁଟାଲେ, ଘାଏ ଅଟକେଇ ପକଉଛନ । ଇଥିର ଲାଗି ନୁହେଁ କି କବିତା ଶେଷ ହେଇଗଲା, ଇଥିର ଲାଗି କି ଆପଣକର ଭିତରେ କିଛି ଗୁଟେ ଖୁଲି ଖୁଲି ଯଉଛେ । ଇଟା କବିତାର ଅସଲ ପୁରସ୍କାର ଆଏ । ଆମକୁ ସୋର କରେଇ ଦେବାର, ଗୁଟେ ହୋହାଲ୍ଲାର ଦୁନିଆଁ ଥି ଯେ ଚୁପ ରହେବାରଟା ପବିତ୍ର ଆଏ । ଆର ସେ ଶବଦ ମାନକେ ଯଦି ସମ୍ଭଲେଇକରି ବାଛବେ ବେଲେ ସେମାନେ ସୁସ୍ଥ କରିଦେଇପାରବେ, ତହଁକେଇ ପାରବେ, ଆର ବଦଲେଇ ଦେଇପାରବେ ।

ଗୁହେର ଶରଧା ଆର ଉଷତ ସହେତେ ପାଖାପାଖି ଷାଠେ କବିଙ୍କର ଇ କବିତା ସଂକଲନ "କୋସଲ ବାହିର ଯୁଆନ ସୋର"କେ ସ୍ୱାଗତ କରୁଛେଁ । ଇନ ଅବଗା କବିତା ନାଇଁ, କବିମାନକର ଅସ୍ତିତ୍ୱକେ ବି ପାଇପାରବେ ।

ଗଣେଶ ବାରିକ, ଆକାଶ ସାହୁ ଆର ସୁଜିତ ସତପଥି ସଂକଲନ ଲାଗି କବିତା ସବୁ ଠୁଲେଇ ଲାଗିଥିବାର ଲାଗି ସେମାନକୁ କେତନି କେତେ ଧନ୍ୟବାଦ ! ଆଶା ଇ ସଂକଲନ ପାଠକ ମାନକୁ ପସନ ଆଏବା ।

ଅନନ୍ତ ବିଶ୍ୱାଳ

ଫେନ ଘାଏ ଫିରି ଆଏତା ବଏଲେ

ଫେନ ଘାଏ ଫିରି ଆଏତା ବଏଲେ
ହେ ହଜଲା ଦିନ
ଫେନ ଦୁହେଁ ଛୁଆ ହେଇଯାଏଁତା ।

ଆମର ଘରୁ ତୋର ନାଁ ଧରି ଡାକୁଥିତିଁ
ତମର ଘରୁ ମୋର ନାଁ ଧରି ଡାକୁଥିତୁ
ଆମର ଘରେ ତୁଇ ଲୁକୁଥିତୁ
ତମର ଘରେ ମୁଇଁ ଲୁକୁଥିତି,
ଫେନ ଘାଏ ଫିରି ଆଏତା ବଏଲେ
ସେ ହଜଲା ଦିନ
ଫେନ ଦୁହେଁ ସେ ଲୁକଲୁକାନି ଖେଲ ଖେଲତାଁ ।

ଫେନ ଘାଏ ଫିରି ଆଏତା ବଏଲେ
ସେ ହଜଲା ଦିନ,
ଫେନ ସେ ଇସ୍କୁଲ କେ ପଢ଼ିଯାଏତା ।
ତୁଇ ମୋର ଖାତା ଦେଖି ଲେଖୁଥିତୁ
ମୁଇଁ ତୋର ଖାତା ଦେଖି ଲେଖୁଥିତିଁ,
ମୋର ପାଖେ ବସି ତୁଇ ମୋର ଫଟୁ କାଟୁଥିତୁ
ତୋର ପାଖେ ବସି ମୁଇଁ ତୋର ଫଟୁ କାଟୁଥିତିଁ,
କୁଦେଇ କୁଦେଇ ତୋତେ ମୁଇଁ ଛିଉଁଥିତିଁ
ନର୍ଦି ନର୍ଦି ମତେ ତୁଇ ଛିଉଁଥିତୁ
ଫେନ ଘାଏ ଫିରି ଆଏତା ବଏଲେ
ସେ ହଜଲା ଦିନ
ଫେନ ସେ ଇସ୍କୁଲେ ଛିଇଁଛିଆଁନି ଖେଲ ଖେଲତାଁ ।

ଫେନ ଘାଏ ଫିରି ଆଏତା ବଏଲେ
ସେ ହଜଲା ଦିନ
ଫେନ ଦୁହେଁ ଗାଁ ନଏଦ କେ ଗାଧିଯାଏତାଁ
ତୁଇ ମୋର ସାବୁନ କେ ମାଖୁଥିତୁ,
ମୁଇଁ ତୋର ସାବୁନ କେ ମାଖୁଥିତି,
ମୁଇଁ ବସିକରି ବାଏଲଘର ବନଉଁଥିତି
ତୁଇ ଥରକେ ଥର ସେଟାକେ ଭାଙ୍ଗୁଥିତୁ,
ଟିକେ ଟିକେ କଥାକେ ତୁଇ ରୁଷୁଥିତୁ
ମୁଇଁ ଭୁର୍ତଉଥିତି
ମୁଇଁ ରୁଷୁଥିତି ତୁଇ ଭୁର୍ତଉଥିତୁ,
ଫେନ ଘାଏ ଫିରି ଆଏତା ବଏଲେ
ସେ ହଜଲା ଦିନ
ଫେନ ଦୁହେଁ ରୁଷାଫୁଲା ହଉଥିତା ।

ଫେନ ଘାଏ ଫିରି ଆଏତା ବଏଲେ
ସେ ହଜଲା ଦିନ,
ଫେନ ଦୁହେଁ ଛୁଆ ହେଇଯାଏତାଁ ।

ମନର ଧାରେଁ ତୁଇ

ମନ ହଉଛେ
କଲମ ଧାରେଁ
ତୋର ହେ କଜଲମୁଖି ଫଟୁ ଗୁଟେ କାଟବାର୍ କେ...
ତୋର ନାଁ ସାଙ୍ଗେ ମୋର ନାଁ କେ
ଥରକେ ଥର ଚରୋଚରୋ ଲେଖବାର କେ,
ରାଗ-ରୁଷା ମନକେ ତୋର ଭୁର୍ତାବାର କେ ।

କେନ୍ତା ଯେ ମୋର ବଡ଼ା ମନ ହେସି ଗା,
ତୋର ପୀରତି ରଙ୍ଗେ ଘାଏ
ରଙ୍ଗେଇ ହେବାର୍‌କେ
ହେତିର ଲାଗି କାଏଁନ
ମନ ମୋର ତତେ ନୁରୁଥିସି ।

ତୋର କଁଚା ସୁଆଦିଆ ଗାଲି
କେନ୍ତା ଯେ ମତେ ଖଁଣ ମଧୁର ଲାଗସି
ତୋର୍ ଦେଲା ଫଲସା ଫୁଲ ବି
ମହ-ମହ ମହକୁ ଥିସି
ବିନ ଲଗନେଁ ବି...
ତତେ ଘାଏ ଦେଖିଦେଲେ
ହେ ପୁନିଜନ ବି ଫିକା ପଡ଼ିଯାଏସି...
ସତେ ଗା, ତୋର କୁଲେ ଘାଏ ଶୁଇ
ପ୍ରେମ ଗୀତ ଟେ ଶୁନବାର କେ
ମୋର ବଡ଼ାଟେ ମନ ହଉଥିସି ।

ତୋର୍ ପିନ୍ଧଲା ପାଏଁଝଲ'ର
ଛମ ଛମ ଶବଦ ଶୁନି
ଅବୁଝା ମନ ବୁଝିଯାଏସି,
କୁଆଁରୀ ହାତର ମେହେନ୍ଦିକେ ଦେଖି
ମୋର ପାଗଲପନ ଆର ଟିକେ ବଢ଼ିଯାଏସି,
ତୋର ଦୁହି ଆଁଖିର କଜଲଧାର ବି
ପ୍ରେମ ପୀରତିର ଇସାରା ଦେସି
ସତେ ଗା, ହେ ଖିଲଖିଲାଲା ହସିଟିକେ ଦେଖି
କପାଲେ ତୋର ସିନ୍ଦୂର ଟିକାଟେ
ମଖେଇ ଦେ ବାଗିର ମନ ଲାଗସି ।

ହେଲେ ଯାନିଛୁ,
ମୋର ଇ ମନର କଥାମାନକେ
ତତେ ନା ଶୁନେଇ ପାରସିଁ
ନା ସତ କରି ଦେଖେଇ ପାରସିଁ,
ମନର କଥା ଖାଲି ଯାହା
ମନେ ମୋର ରହିଯାଏସି ।।

ଅର୍ପିତା ରଣା

ଫେଲ

ଘନରର ମାଏଝି ଅଙ୍ଗରା ପହଁଚାଲା
ଖରସି ଛେନା ଦୁଇଟା ବୁଡ଼ବୁଡ଼ି ନେଲା
ଆଁଖିର ଆଁଖିଲକେ କେ ସମ୍ଭାଲେ !
ଫୁସକରି କୁହୁଲା ଉଠି ଆଏଲା ।

ବନ୍ଦଘାଟେ ଉଲଗୁନା ସୁନିଛେ
ଉଧୁଲିଆ ପଏସା ମୁଡ଼ି ଢୁକିଛେ,
କାଣେ ଲମ ବାଲୁତଛୁଆ ଛାଡ଼ି ଆଇଛେ,
ଧରମ ସହେବା ? ଖପ ଖପ ଡେଗୁଛେ

ବାଟସାରା ଗାଁର ମାହେଝି କଥା ହେଲେ
ଏ ସୁଜାତା ଏ ସୁଜାତା ଡାକ ଦେଲେ,
କାହାର ମୁହୁଁ ନୁ ଆହା ପଦେ ବାହାରତା ହେଲେ
ଉଲଟା ମଦୁଆ ବରର ପଲଟିଆ ହେଲେ ।

ହଁ, ରାତିର ଅନ୍ଧାରେ ବିକାଶର ହାତ ଧଏଲା
ଗୁଟେ ପରା ନୁ ଉଁଝ୍ୟା ପରାକେ ଡେଗି ଆଏଲା,
ଆଏଁଖ ମୁଜୁଥିଲା ବେଲକେ ରାଏତ ଥିଲା,
ପୁଷ ମାସର ରାଏତ
ସବୁ ଏଗବାରି ଶିତଲ, ତାର ଦିହିଁ ଆର ଆମ୍ଭାର ପବନ ଲେଖେଁ,
ଦୁଆରେ ଧୋବ ଫର ଫର ଫୁଲ ଝରୁଥିଲା,
କିଟ କିଟ ଅନ୍ଧାରେ ତାର ଦିହିଁର ରକତ ବି କେଜାନେ
ଧୋବ ହେଇ ଯାଇଥିଲା ।

ଆଏଁଖ ଖୁଲି ଦେଲା କି ଛୁଚା ଖରା,
ଭୁଇଁ ତପୁଛେ ଭରଦର୍ ଜେଠେଁ,
ଯାହିଁ ତାହିଁ ନିଆଁ ହୁଲା,
ସବୁ ପରୀକ୍ଷା ଅଗ୍ନି ପରୀକ୍ଷା, ଜଲ ପରୀକ୍ଷା,
ପବନ ପରୀକ୍ଷା, ଆକାଶ ପରୀକ୍ଷା
ସବୁ ଏକା ଥରକେ ମାଗି ନେଲେ ଲୋଗ ।

ବୁପରି ଠହକାଲା କିରାସିନି ତେଲ କେ
ରୁକି ହେଲା, ଭିଜାଲା ଶାଢ଼ି କେ,
ଲୋକ ଅଗ୍ନି ପରୀକ୍ଷା ଦେଖଲେ,
ଜଲ ପରୀକ୍ଷା ଲାଗି ପାଏନ ଢାଲି ବସଲେ,

ନାକ ପାଖେ ଆଁଗୁଠ ରଖି ପବନ ପରୀକ୍ଷା କଲେ,
ଆକାଶ ପରୀକ୍ଷା ଦେଇ ଦେଇ ପରାଣ ପଖି ଉଡ଼ିଗଲା
ସବକର ଅଜାନତେ
ଲୋଗ କହେଲେ ସୁଜାତା ଫେଲ ହେଇଗଲା ।

ଦୁଖର କେତେ ରଙ୍ଗ

ଦୁଖର କେତେ ରଙ୍ଗ; ଗୁଲାପି ସାଗୁଆ ଲାଲ
ସମକେ ସାଆଁଟି ଆନଲି,
ହର ରକମର ଦୁଖକେ ଆବରି ବସଲି ।
ହେଲେ କେଭେ ଦୁଖ ଖସରି ଗଲା ମୋର ଅଟୁଁ;
ଛିଟକି ପଡ଼ଲା ଖଟୁଁ ।

ଠିଆ ହେଲା ମୋର ମନର ଖୁଇଲେଁ
କେଭେ ଏକସକଟି ନିଘା କଲା ଡଙ୍ଗରକେ,

ଇଛେନ ନୁରଲା ସୁରୁଜ ତ ଇଛେନ ନୁରଲା ଜନକେ
ସମ କରିନେଲା ଦିନ ଆରୁ ରାଏତକେ
କେଭେଁ ଆକାଶର ତରା କେ ଠହକେଇ କାନ୍ଦି ବସଲା,
କେଭେ ହେଲା ଜୁଏହୁଲା
କେଭେ ଚୁଏଲ ପହଁଚାଲା, ବଡ଼ଁସ ବୁଡ଼ାଲା ତ କେଭେ
ଜଙ୍ଗନେ ଆହୁତି ମାଗଲା ।
ଦୁଖ ନିଝରି ଗଲା ଲାଲ ସାହି ହେଇକରି
ଧୋବ ଫର ଫର କାଗଜ ଫରଦର ଦିହେଁ ।

ଦୁଖ କେତେ ଦିନ ମଉନ ରହେତା,
ଦୁଖ ଡାକଦେଲା ମଝା ଖୁଇଲେଁ,
"ଆସ ହୋ ଆସ ହୋ କିଏ ଅଛ;
ଧଁ ଧଁ ମୋର ଝି କେ ଡଙ୍ଗରକେ ଟେକି ନେଲେ ନ!"
ହେ ଦିନର ଲେଖେଁ କିହେ ନାଇ ଶୁନଲେ
କି ଶୁନିକରି ନାଇଁ ଆଏଲେ
ମାଉଲି ଘସିଏନ ବୁଢ଼ିକେ ଜନା ।

ଝି'ର ଗୁଲାବି ଶାଢ଼ି ହଜୁଥିଲା ସାଗୁଆ ଫଲସା ପତରର ପଛେ,
ଆରକ ଦିନେ ଲାଲ ଜରଜର ରକତ ଢିଣା ମିଲଲା ଗଛେଁ ।
ଲୋଗ ନାଇଁ ଆଏଲା ଉତାରୁ ଦୁଖ ଡୁମ ପଡଲା
କେତେ ହେଲେ କହେତା! ନିଝରି ପଡ଼ଲା,
ବଏଡ ହେଇ ଉହୁଲେଇ ନେଲା ଡଙ୍ଗର କେ,
ଉହୁଲେଇ ନେଲା ସବୁ ରକମର ଦୁଖ,
ଲାଲ ସାଗୁଆ ଗୁଲାବି ହର ରକମକେ ।

ଆକାଶ ସାହୁ

ଗଣତନ୍ତ୍ର ବନାମ ଅଥୋଥାଲି ଜନତା

ଗଣତନ୍ତ୍ର ଲୋକର ଲାଗି
ସେ ଏଖା ନିଜେ ବନାସି
ନିଜର ଶାସନର ବେବସ୍ଥା
ହରେ ଖଙ୍ଗେ
ସବୁ ଇନ ଜନତା ଜନାର୍ଦ୍ଦନ
ହର୍ତ୍ତା କର୍ତ୍ତା ଭାଗ୍ୟ ବିଧାତା

ଆଇନ କାନୁନ
ଗହନା ପଡ଼ିଛେ
ଭିଡ଼ା ହେଇଛେ କଲା ପଟି
ପିଠ ପଛାଡେ ଚାଲିଛେ
ଅସତ ଅନିଏ ଅନିତୀର ଖେଲ

ଦହଦହ
କଲେଜ ଗଲା ବାଟେ
ସତର ବର୍ଷିଆ ଝି'ର
ଧର୍ଷନ ହେସି ଠାଡ ମଏଧାନେ
ସବକର ସାମନେ
ଦହଗଁଜ ହେସି ବୁଆ
କେସ କରିଗଲେ
ମଗାଯାଏସି ପରମାନ

ମରଡ଼ି ଥିଁ ଧାନ ମରିଗଲେ
ଚାଷୀ ଉଚକି ହେସି

୧୪ କୋସଲ ବାହିର ୟୁଆନ ସୋର୍

ହୁଲାଜାରି ସବୁଆଡ଼େ
ଆଏସନ ସରକାର ବାହାଦୁର
ହେସି ଖୋଲତାଡ଼
ଖୁଜା ପଡ଼ସି କାରନ
କାଏଁଜେ ମରଲା
ସେନେ ବି ମଗାଯାଏସି ପରମାନ

ପେଟର ଲାଗି
ଦାଦନ ଯାଉଛେ ମୁନୁଷ
ଟଁକା ଗୁଡ଼ାଦୁ ଥିଁ
ଗହନା ପଡ଼ିଛେ ଜୀବନ
ଫିରୁଛେ କଟେଇକରି ହାତ
ସର୍ଦ୍ଦାର ପାଖୁ ବନିକରି ମୁର୍ଦ୍ଦାର ।

ସବୁଠାନେ ଦିନଦାହାଡ଼େ
ଚାଲିଛେ ଜୋରଜାର ମୁଲକ ତାର
ତଡ଼ପୁଛେ ଶୋଷିତ ବଞ୍ଚିତ୍ ନିଷ୍ପେସିତ
ଗଣତନ୍ତ୍ରର ନାଁଥି ଚାଲୁଛେ
ଲୁଟତରାଜ
ପୁଞ୍ଜିବାଦ କର୍ପୋରେଟ ଶାସନ ।
ଗଣତନ୍ତ୍ର ନାଁ ଆଏ
ଇନୁ ଅହରହ କାନ୍ଦୁଛେ
ଜନତାର ଜୀବନ ।

କେନକେ ଯିମୁଁ ଆମେ

ଆମର ଝାର
ଆମର ଡଙ୍ଗର
ନଏଦ ନଲିଆ ପାଏନ ପବନ
ସବୁ ଆମର ।

ଆମର ମାଏଟ
ଆମର ଦେ'ଦେବତା
ଆମର ଗାଁ ଆମର ମାଁ
ତୁମର ବିକାଶର ନାରା ଥିଁ
ବଲି ପଡ଼ିଗଲା ଆଏଜ ।

କାହିଁ କେତେଦିନୁ
ପିତୃ ପୁରଷାନୁ
ଥିଲେ ସେମାନେ
ଆମର ଧନ ଆମର ଜୀବନ ହେଇ ।

ନାରା ଦେଲ
ବିକାଶ କରମୁଁ
ବନବା ବନ୍ଧା ପକ୍କା ରାସ୍ତା
ଚକଚକିଆ ଅସପାତାଲ
ମାର୍ବଲ ଲଗା ଦଶ ମହଲା ।
ବନବା ଇସକୁଲ ବନବା କଲେଜ
ଛୁଏ ପଢ଼ବେ ପାଠ ।
କହତ ବାବୁ
ବିକାଶର ସପନ ଦେଖେଇ

କେତେ ନଚାବ ଆମକୁଁ
କେତେ ଥର ହେମୁଁ ବିସ୍ଥାପିତ
ଛାଡମୁଁ ଜନମମାଏଟ

ଆମର ସବୁ
ତହବି ନାଇଁ ଚଲୁଛେ ବଫୁ
ନାଇଁ ଫୁଟୁଛେ କାପୁ
ବିକାଶ ତ ତୁମର ହେବା
କହ କେନକେ ଯିମୁଁ ଆମେ ।

ଆଶୁତୋଷ ମନୀଷ ମହାପାତ୍ର

ଗବେଷକ

ହେ ମହାନଦୀର ପାଏନକେ
ଅଁଟେଇ ଦେଖ ତ
କେତେ ଯେ ସଭ୍ୟତାର ଚିହ୍ନାବନା
ଲାଖି ରହିଥିବା ପଖନ କରପନଥି
ନରସିଂହନାଥର ଝରକେ ଘାଏ
ଥେବି ଦିଅ ନିଜେ
ଯନ୍ତ୍ର-ମନ୍ତ୍ର-ତନ୍ତ୍ର କି ଆଦିନାଦ ଯେ
କହିଦେବା ସେ ଘଲେ
ମାରାଗୁଡ଼ାର ଖୋଜଥି ନିଜକେ
ହଜେଇ ଦେଲେ ଜାଣା ଅଛେ
ରାନିପୁର ଝରିଏଲ ନଁ କେତେ ଯେ କଥା
ହେ ପଥର ଚଟାନଥିଁ ଢାପି ହେଇ ଯାଇଛେ
କୁଆଁରୀପାଟନାର ଇତିହାସ ଫରଦ ଲେହେଁଟାବାର
ସତସାହାସ ନାଇଁ ଯୁଟେ
ସୁବର୍ଣ୍ଣମେରୁର ସୁନା ବର୍ଷା ବିଲକୁଲ ଅଗମ ଆଏ
ଆଦି ସଂସ୍କୃତି ଠାନୁଁ ମହା ଆର୍ଯ୍ୟ ପରମ୍ପରା ତକ
ନୁରି ଦେଖ ଘାଏ,
ସଭ୍ୟତାର ଅଁତରିସାଲ ଖୁଖଲା ହେଇ ପଡ଼ିଛେ
ରଫୁ ମରା ମନର ଭରମଥି ଜୀବନର ଦର୍ଶନ ଦିଶୁଛେ
ନୁରା-ଖୁଜା-ଗବେଷଣା ଭିତରେଁ ନିଜର ବଲି ଜାଣା ଅଛେ,
ଜୁହାର ସେ ପରମ୍ପରାର ଧାରକେ
ସଂସ୍କୃତିର ତିହାରକେ
ହେଲେଁ ଭି ମନ ବୁଝେନାଇଁ
ମନେଇ ପନର ହଁକାବାଦି ନୁଁ ମାଟିର କହଁର ତକ
ସମକୁଁ ସଭ୍ୟତାର ଗବେଷକ ସଜେଇଛେ ।

ମାଟିର ମୁନୁଷ

ପାହେ ସପନକେ ତୁମେ କେନ ନଜରେ ଦେଖବ ?
ଉକିଆର ଆଶ ଟିକାକ ଯଜବଜ ମାନ ପୁରତୁନୁ ହଉଛେ ଯେ,
ଏନତା ଥି ଖୁସିକେ କାଁ ବଲି ମୁଲାବ...
ଇ ଖୁଲା ଆକାଶଟା ସିମନା ଆଏ ସତ,
ଯେ ଆଏର କି ବନ୍ଧେନଟେ ବାନ୍ଧି ପାରବ ଭାଏଲ ?
ଜଲ-ଜମିନ-ଜଙ୍ଗଲଥି ଜିଉଁଥିବାର ମୁନୁଷକେ
ସେ ବନ୍ଧାର ସିମନା ଭିତରେ ରଖି ପାରବ ଭାଏଲ ?

ଇ ଦେ'ଦେବତା, ଡାକନି-ହାକନି-ଯୁଗନି
ଇ ସମକୁ ନେଇ
ଏତେ ତନାଘନା କାଏଁ ଯେ
କେଭେଁ ନୁରିଦେଖିଛ ଭାଏଲ ପବନର ଆକାର
କି ପାନିର ରଙ୍ଗ
ତ'ଭି ତାକେ ବିଶ୍ୱାସ ତ କରୁଛ
ଜିଇଁବାର ବଫୁ ତ ପାଉଛ

ଧରମ କେ ଭରମ ବରାବର ଦେଖନିଜେ
ହେଥି କାହାକେ କାଏଁଟା ଉନା,
ହେଲେଁ ଫିରେଇ ନିଅ ତୁମର ଖତମା
ନେଇ ଯ' ସଭ୍ୟ ହେବାର ଉଷୋକକ୍ଷା ।
ତୁମେ ଯାହାକେ ତତ୍ତ୍ୱ କି ତନ୍ତ୍ର କହେସ,
ଆଏବ ଶୁଂଘେଇ ଦେମି ଇ ମାଟିର କହଁରେ
ଶୁନେଇ ନେମି ଇ ଝରନର ଝରିଥି,
ପ୍ରକୃତି ନୁଁ ପୁରୁଷ ତକ ସଭେ ଯାକର
ଇନ ହଁକାବାଦି ମହାମୋକ୍ଷର ଲାଗି ।

ତ'ଭି ତମକୁ ନୁରବାର ପଡସି ପ୍ରମାଣ
ଥାଉ ହୋ,
ଇ ମାଟିର ମୁନୁଷକେ, ମାଟି ଜିଇଁ ଦିଅ ନଁ
ଇତାର ଉପରେ କାଏଁଯେ ଏତେ ଗବେଷଣା ?

ଉମେଶ ବେହେରା

ଶବଦମାନେ

ଉଦମି, ହଁସମି, ଖେଲମି
ଦବଡିମି,
ବିଛିଦେମି ଉକିଆ,
ନିଲିଆ ଆକାଶ ଥି
ସକାଲର ସୁରୁଜ
ରାତିର ଜନ, ତରା ହେଇ ।
ମଗମଗାମି,
କହଁରିମି,
ଫୁଟମି,
ସୁନ୍ଦର ଫୁଲ କଢ଼ିଟେ ହେଇ ।
ଝାର, ପତର
ଖମନ ଗୁଲା
କିନ୍ଦିରି କିନ୍ଦିରି
ନଏଦ ନଲିଆ
ବୁଲି ଆଏମି,
ଝରନା ଟେ ହେଇ ।
ଲହରୀ ଆଏମି
ମୁହୁରୀର ସୁରେ
ନାଚିଦେମି ଘାଏ
ଦୁଲଦୁଲିର ପାର ଥି,
ଗାଇଦେମି
ରସରକେଲି, ମାଏଲାଜାଡ଼,
ଡାଲଖାଇ ଗୀତ ପଦେ ।
ଗାଧି ଆଏମି

ତାଲତାଲ ପାଏନ
ହେ ଖୁଦାନ ଥି,
ଯେନନେ ଦିନେ
ଜୀବନ ଖୁଜାନୁରା ହଉଥିଲା ।
ଭିଜି ଯିମି
ଦାଦନ ଖଟା
ଝାଲ ଥି
ବୁତରି ଯିମି
ତାକର ଆଁଖଲଥି
ଜଳି ଯିମି
ଭୁକର ଲୁଠି ଥି ।
କେତେବେଲୁ
ଶବଦ ମାନେ
ଡେଗୁଛତ,
ପିଚାଙ୍ଗ ପିଚାଙ୍ଗ
ଆକୁଲ ହେଇ
ମୋର ମନ ଭିତରେ ।
ମୋର ପାଖେ
ହେ ସାହସ, ତାକତ
କେନନେ ଆଛେ ଯେ,
ଉତରେଇ ପାରମି
ହେ ଶବଦ ମାନକେ ।

ଆ' ଗଢ଼ମା ମୁନୁଷଟେ

ଆ ଗଢ଼ିଦେମା
ମୁନୁଷ ବାଗିର ମୁନୁଷଟେ

ଧରତୀର ହରଏକ କୋନୁ
ରୁଢ଼େଇ ଆନମା ମାଏଟ
ଦୁନିଆଁଥି ଯେତେ ଅଛେ ସମୁନ୍ଦର
ସବୁନୁ ପେନ ଫୁଟେ ଫୁଟେ ଆନମାଁ
ବନେ କରି ଚଟକିମା
ଆର ଗଢ଼ିଦେମା
ମୁନୁଷ ବାଗିର ପୁତଲାଟେ ।

ପବନ ଥି ସୁଖାମା
ଜୁଏ ଥି ପୁଡ଼ାମା
ନିଲିଆ ଆକାଶନୁ ମାଗି ଆନମା
ଇନ୍ଦ୍ରଧନୁର ସାତରଙ୍ଗ,
ଲେପିଦେମା
ରଚେଇଦେମା
ଚିତରେଇଦେମା
ମୁନୁଷ ବାଗିର ମୁନୁଷଟେ ।

ହାତେ ପାତଲି ଗୁଟେ ଧରି
ବୁଲି ଆଏମା
ବାରଦେଶ, ବାର ରାଏଜ,
ବାରଦ୍ୱାର ଆର
ଭିକ୍ଷା ମାଗି ଆନମା
ମୁନୁଷ ମାନକରନୁ
ଟିକେ ଟିକେ ବଁଚିଥିବାର
ମୁନୁଷପନ ।
ମୋର ଛିରୁ ସବୁ ରୁଧିର୍
ମୋର ଛାତିର ଧଡ଼କନ୍

ମାଗିଆନଲା ମୁନୁଷପନ
ସବୁ ଭରିଦେମା ପୁତଲାଥି,
ଆର ଭଗବାନକରନୁ
ମାଗି ଆନମା ଜୀବନଦାନ
ଆର ଗଢ଼ିଦେମା
ମୁନୁଷ ବାଗିର ମୁନୁଷଟେ ।

କବିତାରାଣୀ ଝଂକର

ପଢ଼ଲା ପିଲା

ନିଜେ ଉପାସେ ରହି ପାଲିପୁଷି କରି
ଯିଏ କରିଛେ ତମକେ ବଡ଼
ମୁଡକେ ତମର ହାତ ପୁହୁଁଚିଲେ
ଭାବୁଛ ସେମାନେ କେ ଜଡ ।

କେଡ଼େ ଦୁଃଖେ କାମ କବାର କରି
କରିଛନ ମୁନୁଷ ମାକଡ
ଦୁଇ ଅକ୍ଷର ଇଂଲିଶ ପଢ଼ଲ ଜାଣା
ଭାବୁଛ ତାକୁ ଅନପଢ ।

ଯେତେ ପଢସନ ହେତେ ବେଢ଼ା
ସତ ଲାଗସି ଇ କଥା
ପଢ଼ାଲିଖା ଟିକେ ଜାନିଛେ ଯଦି
ସବୁନେ ହେସି ନେତା ।

ଟୁକେଲ ଗୁଟେ ଆନଲା ପରେ
ବୁଆ ମା'କେ ପଚ୍ରେ ନାଇ
ମା ବୁଆ ନୁ ଭିନେ ହେଇକି ସେ
ଅଲଗେ ରହେସି ଯାଇ ।

ଆଏଜକାଲି କଥା ସତ ଆଏ ଇଟା
କାହେକେ କହିବୁ ଭାଇ
କହେବୁ ଯଦି ହେବୁ ଲୋକହସା
ଚୁପଚାପ ଥିବୁ ରହି ।

ଭାବର ବିନେ

ବିନା ନୁନେ କାଏଁ ସୁଆଦ ଲାଗସି
ହେଇଥାଉ ଜେନ୍ତା ତୁନ
ସେ ମୁନୁଷକେ କାଏଁ ମୁନୁଷ ବଲବ
ଯାର ନି ଥିବା ଟିକେ ଗୁନ

ଫୁଟିଥାଉ ପଛେ ଡଲା ଡଲା ଫୁଲ
ନି ଥିଲେ ତାର କହଁର
ଫୁଲ ଫୁଟି ଥିଲେ ମହକୁଥିସି
ନର୍ଦି ଯାଏସି ଭଅଁର

କଥା ପଦେ ଯଦି କହୁଛ ତୁମେ
ନାଇଁ ନ ସେଥି ଭାବ
ଯେନ କଥା ପଦେ କହେବ ତୁମେ
କହି କରି କାଏଁ ଲାଭ

ମୁହୁଁଟା ଯଦି ହାଁଡ଼ି ଏଡେ ଅଛେ
ମୁହେଁ ନାଇଁନ ହଁସି ଟିକେ
ମୁହୁଁକେ ଯେତେ ସଜେଇ ହେଲେ
ଅଏନ ନି ଲାଗେ କାହାକେ

ଭାବ ଥିଲେ ସିନା ବେଭାର ମିଲସି
ନୁନ ଥିଲେ ସୁଆଦ ତୁନ
ଗୁନ କେ ଜାନି ସମ୍ମାନ ମିଲସି
ଚଲନ ବିନେ ଜୀବନ ଶୁନ ।

ଗଣେଶ ବାରିକ

ସୁକତେଲ

ମୁଇଁ ଯେନ ଡଂଗର ଉପର'ର ଟାଂଗର ପଖନେ ବସି
ଫିଁ ବେଲବୁଡ଼ା କେ ବଏଁଶୀ ଫୁକୁଥିଲିଁ
ସେ ଡଂଗର ଆର ନେଇଁନ
ଅକାତକାତ ପାଏନ ଭିତରେ ବୁଡ଼ି ହଜିଗଲାନ
ହେ ଡଙ୍ଗର'ର ଗଛ ମାନକେ ଗୁଡ଼ା ବନେଇ ରହୁଥିବାର ଚେରେ
ମାନେ ବି ହେନୁଁ ଉଡି ଗଲେନ
ଛେଲ ମେଢ଼ି ଗାଏ ଦାମୁର ମାନେ ଯେନ ହେନେ ଚରୁଥିଲେ
ହେମାନେ ବି ହେ ଅକାତକାତ ପାନିର ଡରହେ ଛିନଛତର ହେଇ
ପଲେଇ ଗଲେନ
କ୍ଷେତ ମାନକେ ପାଆଁଲୁଥିବାର
ଜୀବନ ମାନେ ବି ମରି ହଜି ଗଲେନ
ହେ କ୍ଷେତ ମାନକର ଆଶ ମାନେ ଯେତେ ଆକାଶ ମୁହାଁ

ହେ ପାଏନ ଭିତରେ ମାଏଟ ଆରୁ ପୁଆଲ ଥି ଛାଏଲା ଆମର ଘର
ଟିକକ ବି ଧସକି ଯେଇ ପାନି ମିଶି ଗଲାନ
ବଏଁଶୀ ଯେନ ମୁଇଁ ଘରର ଛାଏଁନ ଉପରେ ଛାଡି ଆଇଥିଲିଁ ହେଟା
ଏଭେ ଆରୁ ନି'ଉପୁଲିବାର ପାନି
ଖଡ଼ଁ ପାଏବାର ଲାଗି ଇଆଡ ସେଆଡ ହେଇ
ଟୁଡ଼ା ଥି ଉହୁଲି ଯିବାନ
ରାହୁଁ ଥି ଶୁଖାଲା ମୋର ପେଁଟ କୁରତା ମାନେ ମାଟି ତୁପି ହେଇ
ଯିବାନ
ନେଇଁତ କେନ ଆକଁରି ଥି ଲଟକି ଚିରି ହେଇ ଯିବାନ
ଫୁଲିନେ ଥୁଆ ମୋର ଇସକୁଲ, କଲେଜର ବହିପତର ମାନେ ବୁତରି
ବୁତରି ବିଲି ଜିବାନ

ବଏଠାର ଶିଶି, ପାଏନ ରଖା କୁଠୁଲ, ପଏସା ରଖା ଠେଁକି
ଖଁଡ଼ ଖଁଡ଼ ହେଇ ଭାଙ୍ଗି ଯିବାନ
ଗାଁର ଗୁଡ଼ି ମାନକ ଥିବାର ଦେବତା ମାନେ ବି ଉକବୁକେଇ
କରି ପରାନ ଛାଡି ଦେବେନ

ହେ ପାଏନ ଭିତରେ ମୋର ଛୁଆ ଦିନ ଲୁକି କରି ଅଛେ
ଆର ମୋର ସାଁଗେ ଛି'ଛିଆନି ଖେଲୁଛେ
ହେ ପାଏନ ଯେଇ କରି ଯେନ ସୁନା ମାନେ କେଡ଼ାକେଡ଼ା ହେଇ
ଫଲବା ବଲି କହୁଥିଲେ ସବୁ ଫସକା କଥା
ମରଡିର ମାଡେ ବିଷ ପିଉଛନ ଚାଷୀ ବେଁକେ ଲଗଉଛନ ଫାଶି
ପଏସାର ଲୁଭେ ଯେନ ମାନେ ଆଘୋ ଅଘୋ ଘର ଦୁଆର ବାହାଲ
ଆଁଟ ରଏତି ଜମି ଛାଡିଦେଲେ
ହେ'ମାନକର ମନ ମାନେ ଫାଁକି ଗଲାନ
ଠୁସ କଡୋଁ ବାଗିର କସକସେଇ ହେଇ ପସତେଇ ହେଲେନ
ଯେନ କିସତି କିସତି କରି ମୁଠା ମୁଠା ଟକାଁ ମିଲବା ବଲୁଥିଲେ
ହେଟା ଏତେ ଦିନ ହେଲାନ ନେଇଁ ମିଲେ, ମିଲବା କି ନେଇଁ କିଏ
ଜାନେ...

ପଲହା ରୁଇଲା ସମିଆଁକେ ହଲିଆ ଗୀତ ଗାଏଲେ ହୁଲାହୁଲି ଯେନ
ଦେଉଥିଲେ ମାଏଝି ମାନେ
ପଲହା ଯେନ ପିଟୁଥିଲେ ଭେଁଡିଆ ମାନେ
ଇଟାଗଡି ଯିବାର ଲାଗି ସଭେ ବଏନା ଛିନଲେନ
ନୁଆଁଖାଇକେ ବି ଆର ଫିରବେ କି ନେଇଁ ଯେ' କେ'ଜାନେ...

ମୁଇଁ ଏବତକ ଡେମ ଖଡିଁ ବସିଛେଁ
ପାଏନ କେଭେ ଅଁଟବା ବଲି ଟାକି ଟାକି ଜୁଗିଛେଁ ଯେ ଜୁଗିଛେଁ...
ମତେ ଅଫିସର ମାନେ ବଝା ଜଖା ବଲି କହେସନ
ଖଡିଁ ତରାନେ ନି'ରହ ପାଏନ ଚପଲୁଛେ ବୁଡି ମରବୁ ବଲସନ
ପେଁରିନେ ମେଁରେହେ ଦେଇ ଘିଚି ଆନସନ

ମୁଇଁ ଜୁଗରେଇ ହେଇ ଉନଡ଼ି ପଡଲା ବାଗିର
ଆଶ ମାନେ ଆଶ ହେଇ ରହିଯାଏସି

ହାଏ,
କାଁଣା କରିଥିବେ ସେମାନେ
ଯେନ ମାନେ ନେଇଁ ପାରିଥିବେ ଫିରି
ଉଜେର ଗାଁର ମାଁ ମାଏଟ କେ ନେଇଁ ପାରିଥିବେ ଛାଡି
ଟେଙ୍ଗଟା, ଲେନଝା, ହୁଡାଁର, କୁଲିହା ଟଁଟି ଫାରି ରଡିଥିବେ
ଚାଟିଁ ମକରା ଝିର୍ଲା ମାନକର କାପୁ ନେଇଁ ଫିଟିଥିବା
ଧସକି ବିଦରି ଯାଇଥିବା ହେ ମାନକର ଦୁଇଲ
ଆହା କହେବାର୍ ଲାଗି କିହେ ନେଇଁ
ମରକଟ ମରକଟ ଗଁଧୁଥିବାର ମସାନପଦା ର ମରହା ମାନେ
କିରଲେଇ ବୁଟେଇ ପକେଇ ଥିବେ
ଫେର ବି କେନ୍ତା ସୁଖେ ରହେବ ବଲି କହୁଛ ହୋ ଗୁସିଆଁ

ତମେ କେନ୍ତା ନି'ବୁଝ
ହେ ପାଏନ, ପାଏନ ନେଇଁସେ ଆମର ଆଏଁଖ ର ଆଁଖଲ
ଦେଖବ ଯ' ଭଲ ସେ ଦେଖି
ହେନେ ଉପଜୁଥିବାର ପାଏନ ହେଟା ପାଏନ ନେଇଁସେ
ଆମର ବୁଆ ଅଜାର ରକତ ଆଏ ରକତ
ଆଏଁଖ ପେସରେଇ ଦେଖ ହୋ ଆଜ୍ଞା
ହେଟା ରକତ ଆଏ ରକତ....

ଆକାଶ ମୁହାଁ ସୁଖ

ସୁଖ ଟିକେ ପାଏବାର କାଜେ
ଯେତେବେଲେ ବି ଚାହିଛେଁ

ଦୁଖମାନେ କୁଦି ଆସି
ଛାପକି ପକେଇଛନ
ଅଁଘାକରି ପୁଟଲେଇ ପକେଇଛନ
ଦୁଖ ମାନେ ଏଭେ
ବେଶୀ ବେଶୀ ଭଲ ପାଉଛନ !

ମୋର ଆଏଁଖର ଆଁଖଲ ପରେ
ହେ ମାନକୁ ବଡା ସୁଆଦ,
ନିଝରି ପଡୁଥିବାର ଆଁଶୁ ସବୁ
ଢୁଡା ହେଇ କେଭନୁଁ
ନଏଦ ହେଲାନ କିଏ ଜାନେ
ଦୁଖ ସବୁ ହେନେଁ ଠୋଲ ହେସନ
ପହଁରା ଶିଖସନ...

ସୁଖେ ରହେବାର ସବୁ ସପନକେ ମୋର
ତୁମତାମ ପଡି ଭାଁଗି ଦେସନ
ଏଭେ ଦୁଖ ମାନକର ସୁଲକି ଥି ମୋର ଘର
ଦୁଖ ମାନେ ବି ଏଭେ ଲାଗୁଛନ ନିଜର ନିଜର..

ଆରୁ ଦୁଖେ ନେଇଁ ପାରେଁ ରହି
ତମେ ଯେତେ ଡିଂଗରା ପିଟ
ପୁଖରା ମନକେ ଯେତେ ରାଁଝ ମାରି ପାଲିସ କର
ଅସଁଖଲା ମୁହୁଁକେ ରେତି ମାଜି ଯେତେ ଚିକନ କର
ଡଁଡୋ ଝୁରି ବାଗିର ଡିଂଗ ନେଇଁ ମାର
ଆରୁ ମୁଇଁ ମୁଲେହେ ନେଇଁ ହୁଏଁ ।

ପୁଟା ଅଡିଁ ଲେବୋକେବୋ
ଭୁକର ମାଡେ ଲଟକନା ଯେତେ

ଚାବରି ଚାଟିଁ
ଭୁରସା କିରାହା ଯେତେ
ପେଡେନ ହେଇ ଧରସା ନେ ଠାଡ଼୍ ହେସନ
ମରନ ହରିଆ ବାଗିର ଲାଠେ ଅଁଧରିଆ
ବେଲ ବୁଡାକେ ଡରାସନ ।

ଥାଉ ହୋ ଗଁଡିଆ ଥାଉ
ଗୁହୁରିଆ ରାଁଝ ଥି
ଅଏନ ଅଛେ ମୋର ଚାରିକୁନଁ
ଥେବ ଥେବ ରଟୋରାଟୋ
ଆଁଠୁଗୋଡ ଖଁଡିଆ କରି
ନେଇଁ ଘିଚା ରଗଡା କର ।

କୁଁଡ଼ା ଭୁରିଥି ଭିଜି ଭିଜି
ସୁଖ ମୋର ନିସରୁଛେ
ଭଟାନୁଁ ଡାଁଡ଼ ତକ
ଭଗାଲି ନେଲାନ ସୁଖ୍
ଆଁଠେ ଡେଂଗର ପୁଆଲ ଚଉଡି
ପୁରା ବାଂଧବାକେ ସଜ କଲାନ ବେଁଟିଆ
ନିଝରିବା ହେତକୁ ବୁନ୍ଦେ ବୁନ୍ଦେ ସୁଖ...

ଟାଂଗର ପଖନେଁ ମୁଡ଼ କଚାଡ଼ି
ପରାନ ଦେବାକେ ବଫୁଁ ନେଇଁ
ଧାର ଧାର ଆଁଖିଲ ଥି ପୁରତୁନ କରବାକେ ଘର

ବଫୁ ମୋର୍ ଆଁଟର ଲାଗି
କଁପର ମାରି କାଦୋ କରବାର ଲାଗି ।

ପେଁରରି ଟିରି ପରାନ ନେବାକେ
ଡରଉଛନ ଧୁକା ଗରେଲ
ଆଏର ତରାତରା ସରଲି ଯଉଛେ ଗୁଡ଼
ହଁସୁଛେ ହୁରହୁରିଆ ଧୁକା
ଖିଜେଇ ହଉଛନ ଚୁଆଁର ଝଁଟି ଝିଟିଂଗି
ସତେ ଯେନତା ହଁଡ଼ା ପାଏବା ବଲି
ଗୋଡ ଘିଚୁଛନ ଖରା ଆର ବରଷା ।

ଦିହିଁ ରସରସଉଛେ
ଖରା ଘୁଇ ଲଗେଇ
ଫାନ୍ଦ ଖେଲିଛେ ବାହାଲ ଆଁଟେ
ବରଷା କୁଁଡ଼ା ଭୁରିଥି
ଥୁପେ ଥୁପେ ଆଶ ଦେଉଛେ
ମାଏଟ ମୋର ଟଁଟି ଫାରି ଆଁ କରିଛେ
ସୁଖ ମୋର ଲଖେ କୋଶ ଦୁରେ
ଦୁଖ ମୋର ପାଶେ ପାଶେ
ଫେର ବରଷେ ଘର କଲାନ
ରଦରଦିର ଖରାର ମାଡେ
ସୁଖ ଯେତେ ମୋର
ଏହେଦେ ଆକାଶ ମୁହାଁ ।

ଗୋବର୍ଦ୍ଧନ ନାଏକ

ସୁଖବାସୀ

ନାଇଁ ନ ଖଲିଆ ଭୁବରା ମୋର
ନାଇଁ ନ ଖଜୁର ଭୁଲି
ବସି ରହେଲେ ଦିନ ବେଲେ
ନାଇଁ ଜଲେ ମୋର ଚୁଲି ।
ଅଛରେ ପାଏନ ଲୁକର ଉଷତ
ଯହ ବରଷିଲେ ବି ଅଏନ
ଟଁଟି ଶୁଖସି ଟାଏଁଟାଏଁ ମୋର
ଦେଖଲେ ଝଁକେର ପାଏନ ।
ତିରପଟ ଖରାର ତେଜ ଦେଖି
ଫୁଟସି ମୁଲକି ହସି
ନିଲିଆ ଆକାଶେ ବାଦଲ ଢାପଲେ
ପେଟଟା ମୋର କାନ୍ଦସି ।
ନାଇଁ ରଖି ଦେଇ ବାପ ମୋର
ଛ' ଖଁଡିଆ ସରନା ଧାନର ପୁରା
ଇ ଘର ସେ ଘର ଭୁତି କରି କରି
କୁଟୁମକେ ଯୁଗାସିଁ ଚରା ।
କେନତା ନାଁ ଟେ ଦେଇଛୁ ପରଭୁ
ଶୁନଲେ ଲାଗସି ହସା
ଫଟା ଦଦରାକେ ଉଢ଼େଇ ଦେଇ
କରସୁ କେତେ ତୁଇ ପରଶଂସା ।
ସୁଖବାସି ବୋଲି ନାଁ ପାଇଛେଁ
ସୁଖର ନାଇଁନ ଦେଖା
କାହାକେ ଦେମି ଦୋଷ ମୁଇଁ
ହେଟା ତ କରମ କପାଲର ଲେଖା ।

କେନୁ ପାଏମି ଅଡ଼ିଆ ମୁଠେ
ରାତିରେ ଆଏସି ସପନ
ନି କହେଲା ଦୁଖ ରହି ରହି
ଛାତି ନେ ବନସି ପଖନ ।
ମଲା ବେଲେ ମାଏଟ ମୁଠେ ଲାଗି
କାହିଁ ପାଏମି କଂଚପା ଆଁଏଟ
ଝାରେ ଜଙ୍ଗଲେ ପଥର ଲଦି
ଢ଼ାପି ଦେବେ କଁଟା ଝୁଁଟାର ଲାଏଟ ।

ମରନ

ଜଞ୍ଜାଲର ତେଜ ଖରାକେ
କେନତା ସହେବା ମନ
ହେଟା ତ କଅଁଳି ଫୁଲ ଗୁଭା
ଆର କେଡ଼େଟେ ସରଳପନ ।

ଉନ୍ଧୁଗୁପୁ ହେବାର ଗୁଟେ ମନ
ମନେ ଖାଲି ଗୁରଧୁ ସପନ
ସପନେ କେଁ ଘୁଡ଼ା ହାତୀ
ଭେଟସି ଗୁଟେ ନିରୋଲ ଜୀବନ ।

ନିରୋଲ୍ ଜୀବନର୍ ଅଭାବ୍
ଆଏଜ ମନର ବଏରୀ
ଆର ମନ ଖୁଜୁଛେ
ମରନକେ ଜୀବନ ଆରୀ ।

ହର ଏକ ଘଡ଼ି କୁସିସ
ଉଷେ ପହଁରି ଆଉଛେ

ଅପନେଇ ନେତିଁ ତତେ
ହେଲେ ଜଞ୍ଜାଲ ଛନ୍ଦି ଦେଉଛେ ।

ମନ ହିସାବେ ତତେ
ଆବରି ହେତିଁ ଲଟକନା ହେଇ
ଜୀବନ ଚେତାସି ଆଇଛେ ପରେ
ଦଶ ମାସ ଦରଦ ପାଇ ।

ହେ ଲାଗ ଟେ ଲଗେଇ
ଜୁଡିଛେ ଗୁଟେ ବନ୍ଧନ
ନେହେଲେ ତତେ ଅପନେଇ ନେତିଁ
ଶୁନୁଛୁ କେଁ ରେ ମରନ
ଶୁନୁଛୁ କେଁ ରେ ମରନ ।

ଗୋପବନ୍ଧୁ ମହାନନ୍ଦ

ଭଦ୍ରଲୋକ

ଖାଲକେ ଢ଼ିପ
ଢ଼ିପକେ ଖାଲ
କରବାରଟା ତାକର ସଉକ,

ମୁନୁଷକେ ମାକର
କୁହୁଲାକେ କହଁର
ହେଟା ତାକର ଅଭିଆସ

ତାଲ ତାଲ ପାନି
ବୁଡ଼ି ଥିଲେ ବି
ବଢୁଥିସି ତାକର ଶୋଷ
ସେମନେ ତ ଭଦ୍ରଲୋକ

କଲିଆକେ ଗୁରିଆ
ଦିନକେ ରାଏତ
କହେବାରଟା ତାକର ନିଶା

ଛେଲକେ କୁକୁର
ଗଧକେ ସିଂହରଜା
ସଜାବାରଟା ତାକର ବେ'ସା

ଧନ ଧନ ବଲି ଜୀବନ ଦେବେ
ସେମନେ ତ ଭଦ୍ରଲୋକ

ଘରକେ ମାଏଟ
ଭଲକେ ଖରାପ
ବନାବାରଟା ତାକର ବେମାର,

ତରାକେ କିରା
ସୁରୁଜକେ ଡିବରୀ
ଦେଖାବାରଟା ତାକର ବେଭାର ।

ରଥ ଗିଲି ଗିଲି ଧଜା ଖାଏବାକେ
ରହିଥିସି ତାକର ଲୋଭ
ସେମନେ ତ ଭଦ୍ରଲୋକ ।

ତାଳକେ ବାଲ
ପୁରଥୀକେ ସୁରକ୍ଷୋ
ଜାନବାରଟା ଭାରି କଡ଼ା,

ଗୁରସକେ ପାଏନ
ପୋଲକେ ଧାନ
ଶିଖିତକେ କରସନ ବେଡ଼ା

ଠାଡ଼ ମଏଧାନେ ଲାଲଟିନ ଦେଖା
କାମଟା ଯାହାର ରୋଗ
ସେମନେ ତ ଭଦ୍ରଲୋକ ।

ଡେଙ୍ଗିକେ ବାଙ୍ଗିରି
ସୁନ୍ଦରୀକେ ଗନ୍ଧରି
କହେବାରଟା ତାକର ଖିଆଲ,

ଗଛକେ କାଠ ·
କାଠକେ କାଠି
ବନେଇ ଦେସନ ବେହାଲ

କାଠର ଘୁଡ଼ାକେ ପାଏନପିଆ
ଆଏ ଯାହାର ମହା ଭୋଗ
ସେମନେ ତ ଭଦ୍ରଲୋକ ।

ବାଘ

ଜେନ ଦିନୁଁ ଝାର ଜଙ୍ଗଲ
ପଖନ କରପନ ଛାଡି
ବାଘ ମାନେ
ଉତରି ଆଏଲେ ତଲକେ
ସେଦିନୁଁ ଜହ ଜହ
ମରଡ଼ି ଗରଡ଼ି ପଡ଼ି
ଗାଁଗଣା ସହର ନଗର
ସବୁ ଶୁଇନପଦା ହେଇଗଲା ।

ଶୁଇନ ଶୁଇନ
ମହାଶୁଇନ ତ
ବାଘମାନେ
ସେତେବେଲେ ଫେର ଥରେ
ମୁଡ଼ ଟେକଲେ
ମେଛା ମୁରକୁଟିଲେ
ସିଂହ ରଜାକେ ମାରି
ଶାସନ ଭାର ନେଲେ ।

ନାଇଁନ ସିନେ
ସେ ବଡ଼ ବଡ଼ ମୁଡ଼
ପାଟଗୋଲ ଆଏଁଖ
ଲମା ଲମା ନଖ
ହେଲେ ଏଭର ବାଘର
ଛୋଟ ମୁଡ଼େ
ଧରତୀ ଗିଲା ବୁଦ୍ଧି ଅଛେ ।

ଏବେ
ବାଘରଜାର ଅନ୍ଧାରି ଶାସନଥି
ବଦଲିଛେ
ସମାଜ, ଦେଶ, ସଂପର୍କ ।

ସଥେ କେନ୍ତେହି ଚିନହିଁ ହେବା ଇ
ଦୁଇଗୁଡ଼ିଆ ଗାନ୍ଧିମୁଡ଼ିଆ
କୋର କପଟିଆ ବାଘକେ,

ତାର ସାଙ୍ଗେ କେନ୍ତା ଲଢମା
ବଢ଼ି ବଢ଼ି ଯାଉଛେ
ବାଘ ରଜାର ଭାଉ,

ଶାସନ ଅସଲି
ଶାସକ ନକଲି
ସିଷ୍ଟମ ଖତମ ହଉ ।

ଚିନ୍ମୟ ଛତ୍ରିଆ

ମତେ ହେନ ଏଖା ପାଏବୁ

ମୁଇଁ ହଜି ସାରିଥିମି
ମୋର ଗଲା ଆଏଲା ବାଟକେ ଆଏବୁ
ଯଦି ବେଶକ ହେତାବୁ,
ଦେଖିପାରୁ କେତେ ନୁଆଁ ପାହାଚିହ୍ନା

ମନର ଚେରେ ଉଡିଗଲେ
ଆଏଁଖ ନୁ ପୁଛିପକାବୁ ଆଁଖିଲ,
ଦୁନିଆଁ ତୋର ଜିଁ ପକାବୁ ଜୀବନ

ଆଏବୁ ଯଦି ମୋର ଗାଁକେ
ଦେଖା ନି ପାଏବୁ ଯଦି ମତେ,
ଦୁଇବଟିଆ ବାଟେଁ ମତେ ଖୁଜବୁ
ଉଲଟା ପାତିଲି ଗାଁଥି ମୋର
ଶେଷ ଚିହ୍ନା ହେଇପାରେ !

ତୋର ମନର ଗାଗରଥି ମତେ ବସେଇଛୁ ଯଦି
ଯେଭେ ହେତାବୁ ମତେ ପାଏବୁ

ରାଏତବେଲି ଉପର ମୁହାଁକରି ଦେଖବୁ,
ଜକ ଭିତରେ, ତାରା ଭିଲି,
ତୋର ଛାତିର ବଖରାଥି ଏଖା ଥିମି
ହେନ ରହେମି

ସେ କଥାନି

ଦୁଆର ବନ୍ଧେଁ ଠିଆଡ ହେଇ
କିଏ ଝନେ ଡାକ ଦଉଛେ
ଆ......
ଆ’ ନେଇ ଆଇଛେଁ ତତେ
ସମିଆଁ ଗଲାନ ତୋର୍,
ଆଏଁଖ ବୁଲା ଅତୀତ’କେ
ଜଲଦି ଫିରିଯିମା ନ ।

ଶବଦ ଛ’ଖଁଡ କାଠେଁ
ଜଲିଯିମି କି କବିତା କୁଲେଁ
ମରିଯିମି ଭାବୁଥିଲି
ହେଲେଁ
ତୋର ନାଁଥି ଲେଖିଥିବା
ଅଧୁରା ସପନର
ଅଭୁଲା କଥାନି
ଜିଏଁଇ ଦେଲା ମତେ ।

ଚିତ୍ତ ରଂଜନ ପ୍ରଧାନ

ଷାଠେ ଛିଁଇଲା ନ

ବାବୁରେ,
ଆଘୋର ବାଗିର
ପହପହନୁ ଉଠି
ହଲ ଯୁରାକ ଧରି
ମଝି ବାହାଲକେ ଯିବାର ତହଁକ ଗଲାନ ସରି
ଲାଗୁଛେ ଦିହିଁ ଜାଂଗଲ ଅଥା ହେଲେନ,
ସାହୁ ମାଷ୍ଟର କହୁଥିଲେ-
'ପଧାନ, ତମକେ ପରେ ଷାଠେ ଛିଇଁଲା ନ!'

ଜାନିଛୁ,
ଧାନ ଭୁଲିର୍ ବିହିଡ଼ା ସରଲେ
ବଡା ଥକଥକା ଲାଗସି
ଆଁଠୁ ଗଏଁଠମାନେ
ବଇଦ ବୁଢାର ତଇଲଥିଁ ମନ ବୁଝାଲେ ନ'
କାମ ତ ଗୁଟାରଂଗୁ ପଡିଛେ,
ପରାପାଟକେ କହେସନ -
"ପୁଓଟାକ କେନୁ କାମେ ଲାଗି ପାରଲାନ?"

ଯଦରବି
ମୋର ବଫୁ କମି ଯାଉଛେ
ଆଖିର ଦୁରୁଶ ଝାପସା ଦିଶୁଛେ
ମନ ଉନା ନାଇଁ ରଖ

ତୋର ଫିଁ କାମେ ମୋର ହାତ ଥିବା
ମୁଡେ ହରମିସା ଛାଏଁଟେ ହେଇ;

ମାତରକ
ହେଲା ନାଇଁ କରବୁ ତୋର ବୁତାକେ
ପଡିଆ ନାଇଁ ରଖବୁ
ହାଏଣ ଚଲଉଥିବାର ଡୁଲିକେ
ଖିଁଣେ କପଟେ ନାଇଁ ଦେଲେ ନାଇଁ ଦେବୁ ପଛେ
ଆଏଲା ଗଲା ଝି-ବେଟିକେ
ହେଲେ ଊନା ନାଇଁ କର୍‌ବୁ
ମୁହୁଁନୁ ବାହାରୁ ଥିବାର ଖିଁଡମଧୁର କଥା ଦୁଇପଦକେ ।

ମୋର ତ ସମିଆଁ
ସରିସରି ଆଏଲାନ
ସାଂଗ ସରସା ମୋର ଅଧେ ଗଲେ
ଅଧେ ହିସାବ କରଲେନ
ମୋର ପାପ ପୁଇନ ମତେ ଜନା
ହେଟା ବି ଗନତି ହେଇପାରେ
ଯେନଟା ଅଛେ ଅଜନା,

ମୋର ଭାଗର କାଟ ଚଉତା ହେଲାନ
ଘି' ଗୁରସ ସବୁ ଖଂଜା ହେଲାନ
ଲାଗୁଛେ...
ମତେ ବୁହିବାର ଟାଏର ଝନକର
ଖିଁନ୍ଦ ବି ବଜର ହେଲାନ !

ବଏସର ଚିନ୍ତା ନାଇଁ ରଖବୁ
ଇ ଷାଠେ ସମକୁଁ ଛିଇଦେବାନ'

ସତ ଧରମର ବାଟ ଧରିଥା ତ
ପଚରେଇ ଦେଖବୁ,
ଯିଏ ଯିଏ ଇବାଟେ ଯାଇଛନ
ତାକର ଜୀବନ କେଭେଁ ମାରା ଗଲାନ ?

ଝରକା

ବା' ଘରଟେ ବନାଲା ସମିଆଥିଁ
ପରଛି ଡେବରି କୁଡିର କାଁଥିଁ
ଛାଡ଼ିଦେଇ ଥିଲେ ଝରକାଟେ !

ଝରକାଥିଁ ଖାଲି ଉକିଆ ଆସେ
ହେନତା ନୁହେସେ;
ଅଷାଢ଼ର କଲିଆ ମେଘ
ଶରାବନର ଝରଝରି ବରଷା
ଭୁଦୋ-ଦଶରାର ନିଲିଆ ଆକାଶ
ଦେଖି ହେସି ଆଏଁଖ ପୂରତୁନୁ, ଘରେଁ ଥାଇ ।

ଝରକାଥିଁ ଦେଖିହେସି
ଦୁଆରର ଲଟାମାନେ
କେତେବେଲୁଁ ଉଷେଁ ବୁଡ଼ିଦେଇ ପାରସନ କାରତିକ
ତୁଲସୀ ଚଉଁରା ପାଖର ଲଟାମାନେ
ଉଷେଁ ନାଇଁ ଭିଜିପାରନ ବଲି
ହା...ହା...ହା..
ସୁରୁ ଭାଏ
ହେମାନକୁଁ ଖିଆଲେ ନାଆଁ ଦେଇଦେଇଛେ ନାସ୍ତିକ ।

ମାଆ,
ହେ ପରଛିଥିଁ ଥାଇ, କହିଦେଇ ପାରସି
ଦୁଆରର ଅମରୁତମଡ଼ା ଆଉ କେତେ ଦିନ ଗଲେ ପାଚବା
କଁକଡ଼ୋ ଡିରେ ଇ ହପତା କେତେ କେଜି ବାହାରବା
ଆଉ
ଗହଡ଼ି ଦେଇ ପାରସି ରାଂଜେ ବସିଥିବାର ଖେଚା ଗୁହୁଡାକୁଁ.... !

ଝର୍‌କା,
କହି ନାଇଁ ପାରେ ଦୁଆରେଁ ଥିବାର କଁକଡ଼ୋ ବୁଟାକେ
ଘର ଭିତରର କଥା,
ଜାନି ନାଇଁପାରନ ହେ କାରତିକ ଗାଧୁଁ ଲଟାମାନେ ଯେ'
ଘର ଗୁସିଆଁ ପେଟର ଲାଗି କେତେ ହେଉଛେ ଅଥା ।

କରଲା-ମାଖନ-ଜହ୍ନିମାନେ ବି
ଗୁଚର କରି ନାଇଁପାରନ ତାଁକର ବାଗିର ଝୁଲୁଛେ
ମାଆର କାନଫୁଲ ସାରକ
ମାରବାଡ଼ି ଘରେଁ
ଗଲା ଦୁଇ ବଛର ହେଲାନ ବଂଧା ପଡ଼ି !

ଘରର ପୁରାଥିଁ ବଂଧା ହେଇଥିସି
ଧାନ-ଗୁଲଜି-ମୁଗ ସାଂଗେ
ମେନମେନସା ଦବଦବିଆ ଦୁଖ-ଦରଦ ଯେତେ
ବା' କହେସନ୍- "ବାବୁ ରେ ! ଇମାନେ ବି ଘରର୍ ଝନେ"
ଇମାନକୁଁ ବି ବାଜୁଆଉ ଟିକେ ଫୁରଫୁରିଆ ଧୁକା
ହେଥିର ଲାଗି ତ ବନା ହେଇଛେ
ହେ ପରଛିର ସୁରୁଟେ ଝରକା !

ଜୀନତମାମ ଦର୍ଜୀ

ଜୀବନ ଝୁଟି

ହରୋବଟୋ ହେଇ କରି
କେନକେ ଯାଉଛୁ ସମାରୁ ?

ଛନେ ଅଟକି କରି
ଜୀବନ କେ ପେଟ ପୁରନୁ ଦେଖ !
ଜୀବନ ତ ହେନ୍ତା ଆଏ
କେଭେ ବଏଢ଼ ତ କେଭେ ମରଡ଼ି

ସମୁଦ୍ରର ଲହଡି ଲେଖେନ
କେତେ ଘଟନା ଆଏବା,
ଲେହେଁଟି କରି ଫିରି ଯିବା
ଭାବବୁ ସବୁ ସପନ ଦେଖୁଛେଁ ବଲି
ନାଇଁ ତ ଦୁଖେ ଭାଙ୍ଗି ପଡିଲେ ଆଗକେ ନାଇଁ ବଢ଼ିପାରୁ
ସୁଖେ ଉଷତ ହେଲେ ଗର୍ବ ବଢ଼ବା, ତଲେ ପଡବୁ

ଭାଗ୍ୟର ରାସ୍ତାନୁ ଟିହା ମାରିଥିଲେ ତ
ହାତ ପାହାଁତିଆ ନୁ ଜନ ବି ପାଏବୁ
ନାଇଁ ତ ଲଟକନା ଗଛ ବି କୁସେ ଦୁର
ଆରେ ଭାଗ୍ୟ ସାଥ ନାଇଁ ଦେଲେ କାଣା ହେଲା
ସମିଆଁର ମହୋଦଧି ଥି
ଦରପୁଡା ଦାରୁବ୍ରହ୍ମ ଲେଖେନ ଉହୁଁଲି ଯିବୁ
ଜେନ ତରା ନୁ ଲାଗବୁ
ସେନୁ ମାହାପୁରୁ ବନିଯିବୁ

ଦେଖିବୁ
ମିଛ କହୁଛେଁ ବଏଲେ !

ସମାରୁ ତୁଇ ପରେ କବି ଆଉ ?
ଶୀତ ମାସିଆ କାକର ପାଏନ ଲେଖେନ
ଶବଦ ମାନେ ନିଥରି ଆଏଲେ
କବିତାର ବଗିଚା ସରସରେଇ ଯିବା
ଆଉ ତୋର ମନ ମାଲି ତା' ଥେଇ... ତା' ଥେଇ ନାଚବା
ଦୁଲକି ଯାଉଥିବାର ଦସରାର ଢୋଲ ଲେଖେନ
ଜୀବନ ଗୁଟେ ଉଛବ ଆଏ,
ଜୀବନ ନରଦାକୁଦା ନୁ ଟିକେ ଠହରି କରି ଦେଖିବୁ ସମାରୁ !

ପ୍ରେମ ଅମରୁତ

ତତେ ପାସରିବାର ଲାଗି
ଯେତେ ମନ ବରକସ କଲେ ବି
ତତେ କେଁ ଭୁଲି ପାରୁଛେଁ ?
ହରଘଡି ମନେ ପଡୁଛୁ
ମନକେ ଭେଦି ଥିବାର ଗୀତ ପଦେ ଲେଖେନ !

ବଏସରା ବଦଲାବାର ଟା ଏତେ ସହଜ କଥା କେଁ ?
ସବୁଦିନିଆଁ ଜୀବନର
ତୁଇ ଗୁଟେ ଆଦତ ହେଇଗଲୁନ ବଲିକରି ତ
ସେନେହର ଦରପନ ନୁ ମୁହୁଁ ଦେଖିଲେ
ତୋର ମୁହୁଁ ହିଁ ଉପକି ଉଠୁଛେ !

ଶୁନିଛେଁ ପ୍ରେମ ଅମରୁତ ଆଏ !
ଜନ ଆକାଶେ ଆଏଁକ ମାରଲେ
ଜୟନ୍ତୀ ଫୁଲ ମାଏଟନୁ ମୁଲକି ହଁସସି,
କାଁକର ପାନି ଭିଜିଗଲେ
ମଲା ଦୁବ ବି ଜିଁ ଉଠସି,
କେନା ଫୁଲ ନିଲିଆ ଇସାରା ଦେଲେ
ବାୟା ଫିରଫିରି ଧାଇଁ ଆଏସି

ପ୍ରେମ ଲାଗି ଦୁନିଆଁନୁ କେତେ ଭାବ, କେତେ ରଙ୍ଗ
କେତେ ଘଟନା, କେତେ କଥାନି
ଆର କେତନି କେତେ ଇତିହାସ !

ପ୍ରେମ ନାଇଁ ଥିଲା ପୁରଥି
ଛୁଚା ଧୁଲିଆ ମରୁଭୂମି ଆଏ !

ତୁଇ ଏନତା ମୋର ସାଙ୍ଗେ ଥା'
ଜିବନେ ରସ ଝରୁଥାଉ
ସଂପର୍କର ଆକାଶେ ଫଗୁ ଉଡୁଥାଉ
ବଏସର ନଏଦ ଖଁଡ଼ି ବଏଁଶୀର ପତଲା ସୁର ଶୁଭୁଥାଉ...

ମରି ମରି ଜିଇଁବାର ଅଭିଶାପ ନୁ
ମତେ ମୁକଲେଇ ନେ...
ତତେ ଭୁଲି ଯିବାର୍ କଥା ଆଉ ମତେ ନାଇଁ କହ ନ
ତୁଇ ଏନତା ମୋର୍ ସାଙ୍ଗେ ଥା'
ମଲା ଯାଏକ...

ଡିଂଗର ନାଏକ

ମୋହୁଲ ଗଛର ଡୋଲି

କେତେ ବରଷ ଆରୁ ପରିଆ ଯିବା ବାପା
ଆମର ମୋହୁଲ ଗଛର ଡୋଲି
ବଲ ବପୁ କାହିଁର ଅଛେ ଯେ
ନଙ୍ଗଲ ଧରି ପାରବ !
ମେଟ ବୋହି ପାରବ !
ବରଷ ବରଷ ଜାକର ଖରା, ବରଷା, ଶୀତକେ ସହେବ
ମୁଇଁ ଆର ଛୋଟ ନେଇଁନା ଯେ
ମୋତେ ଲାଡ ଗେଲ କରବ
ଆସ ଧରେଇଦେବ ଲଙ୍ଗଲ କଏଁଟ
ମୋହୁଲ ଗଛ ଡୋଲିନେ
ଅ..ତ..ତ...ତ...କରି ଖେଦିନେମି
ଛେଁରା ତଲେ ବସିଥିବ ସେନେ ।

ନଙ୍ଗଲର ଗାରେ ଗାରେ ଖପା ଦୁହୁରା
ଢେଲ ଖେଁଣିନେ ଚଘା ଉତୁରା
ହଲି ଖେଦା ହିର ତରା ତରା
ସୁରୁଜବି ହାଁ ଫାରିକରି ଦେଖୁଥିବା,
ପଗଡି ବାନ୍ଧି...
ହଲ ଖେଦୁଥିମି ଜମିନ ସାରା ।

ବାସି ମଡ ଢୁକେକ ପି ସାର୍ଲା ଉତାରୁ
କୋପର ଉପ୍ରେ ବସି

କହେବ ମୁଲକି ହସି
ହେଲା ମାଏଟର ବତର
ସର୍ଦ୍ଦା ଗିର୍ଦ୍ଦା ମୁଇଁ ଭି ହେମି...
କେଭେ ଜମିନ ନେ ନେଇପଡୁ ଜହର ।
ଦୁଇ ଚାଏର ଦିନେ ଗଜାମାର
ନୁଆଁ ଭୁଆସେନ ବାଗିର
ଉଢନା ପିନ୍ଧି କଅଁଲିବା ପତର
ହେ ପତର ହସଲେ ହସସି ଆମର ଘର ।

ହଁ ବାପା,
ଆଷାଢ ସମି ଶରାବନ ଆସଲା
ଝିପିର ଝିପିର ବରଷା ପାନି
ଖିଲ ଖିଲି ହସେ ଖମନ ରାନି
ମନ ପବନ ଉଲାସ ଲାଗଲା
ମୋହୁଲ ଗଛର ଡୋଲି ହସଲା ।

ଭାର

ଜୀବନ ଜିଁବାର କଥା ପଚାରସ ଜେ
ଜୀବନ ଟା କାଣା ଜାନସ କାଏଁ
ହେଟା ତ ଗୋଟେ ଜଂଜାଳ ଆଏ
ରାଏତ ହେଇକରି ଫେର ହେସି ସକାଲ
ଖନ୍ଦେ ଛେଟନା, ଗଏଁଟି ଆର ରଫା
କାହାର କେଟଲିନେ ଭରି ହେଇଥିସି
ଗୋଟେ ଦି'ଦିନର ବାସି ପଖାଲ
ହେମନକେ ପଚାର
ଜିବନ ଟା କାଣା ଆଏ ଜେ ?

ବନ୍ଦ ହିରେ ହିରେ ଖୁନ୍ତି ଖୁନ୍ତି
ମାଏଚ ବୋହିକରି
ଖନ୍ଦ କେଁ ପଥର କରିସାରଲାନା
ଆମ ଗାଁହାର ମଟାରୁ
ମୁଡ଼ ଉପରେ ଝେଁ ଝେଁ ଖରା
ଚଲ ଚଲ କରସି ଅଁଟା ସାରା
ଛଲ ଛଲ ବୋହିସି ଝାଲ ଦିହିନୁ ।
ନିଶାସ କାଣା ଜାନି ନେଇପାରେ
ପ୍ରଶ୍ୱାସ କାଣା ବାରି ନେଇପାରେ
ସବୁବେଲେ ଖୋଲସି ଜିବନ ଖାଲ
ଖାଲ କୋଡ଼ି କୋଡ଼ି ଜୀବନ ଜେସି
ରକତ ଝରାସି
ଇ ପେଟର ଲାଗିତ ସବୁ ନାଟ !
ଇ ଛେଟନା, ଗଏଁତି, ରଫା ଆଏ ସାର
ଜେନେ ମରିମରି ମାରି ପାରସି ଭୋକ
ରକତ ଝରିକରି ମିଟାସି ଶୋଷ
ଖନ୍ଦେ ଥିବା ଦୁଇ ଭାର !

ତରଣୀସେନ ମେହେର

ତୁମେ ତ ମୋର ଫଗନି

ଫଗୁନ ତା'ର ବାଟେ ଆସୁ
ତା'ର ବାଟେ ଯାଉ ନ...
ମୋର କାଏଁ
ମୁଡ ଘୁରାବାର ଅଛେ ।

ତୁମର ହଁସି ଖୁସି ଥିଁ ତ
ମୋର ଦୁନିଆଁ ରଙ୍ଗୀନ ହେଇ ଯାଉଛେ,
ମତେ ଇ ଫଗୁନର ରଙ୍ଗକେ ବି
ଆର ଚାହାନା ନାଇଁ ।

ତୁମେ ସରାଗେ
"ହଏଗୋ" ଡାକି ଦେଲେ
ମୋର ସବୁ ଦୁଖ ଦାଦର
ଏଖେଇ ଛଟକେ ଥିଁ
ଉଭାନ ହେଇ ଯାଏସନ,
ମାଏକି..., କୁଇଲିର ମିଠା ସୁର ବି
ପାଏନଚିଆ ଲାଗସି ।

ତୁମର ଦୁତିଆ ଜହ୍ନ ଲେଖେଁ
ହସି ଦେଖଲେ,
ମୋର ମନେ ସକାଲର
ସୁରୁଜ ଉଦି ଆଏସି ।

ସତେ ତ... ଇ ଫଗୁନର ପୁନି ଜନ
କେନ ଲାଏକର ଆଏ ଯେ
ତୁମର ମୁହୁଁର ଆଗାଡେ ।

ତୁମେ ଆଏଲେ...
ଭମରମାନେ ବି ତ
ବାଟ ଭଟକି ଆଉଛନ,
ଇ ଆମବୁରେଇ ଘଲେ
ଠଟେଇ ନାଇଁ ହୁଏ
ତୁମର ମହକନର ମାରେ ।

ବଉଲିଆ ଧୁକା ବି ଲାଜେ
ସରମି ଯିବା,
ପନତକେ ତୁମେ ଲହରେଇ ଦେଲେ ।

ପଲସାର ସୁନ୍ଦରୀପନ
ସେମେଲର ଲାଲି,
ମଲି, ମାଲତିର
ଧୋବ ଖିର ଖିର ହଁସି,
ସବୁ ତ... ତୁମର ନ ଏକା
ଝେଁଚି ହେଇ ରହିଛେ ।

ମୁଇଁ କାଏଁ ଯେ ଫେର
ଫଗୁନକେ ସଧାମି ।
ତୁମର କୋଲର ଅହେରା ନ' ତ'
ମୁଇଁ ଛ'ହି ରତୁ ବିତେଇଦେମି ।

ତରକି ଥା'

ତରକି ଥା'...
ସମିଆ ଲାଁ.. ଲାଁ.. ଲାଁ.. ଲାଁ..
ରକତ ମୁହାଁ ହେଇଛେ ।

କାଏଲ ମୁଇଁ ଥିମି ତ..
ମୁଇଁ ସଁକଲିମି,
ଯଦରି ତୁଇ ଥିବୁ
ତୁଇ ମୁକଲାବୁ ।

ହୁସିଆର...
ଅକାଲ କାଲ ଦୁଇଗୁଡିଆକୁ ଗୁଡଉଛେ,
ତରକି ଥା.. ଅମାନତି ମାନକୁଁ
ସମିଆ... ଲାଁ ଲାଁ ହେଇ ଗେରମେଟାଉଛେ ।
ମୁଇଁ ସବୁ ପାସରି ଯାଉଛେଁ
ତୁଇ ବି ସବୁ ଭୁଲି ଯା'
ମନକେ ମାରି ମହାନ କରିଦେ'
କାଏଲ ସକାଲ ପାହେବା କି ନାଇଁ
କିଏ ଜାନିଛେ ?
ତରକି ଥା, ସମିଆ... ରକତମୁହାଁ ହେଇଛେ ।

କାଏଲ ସେ ଝଡଲା,
ଆଏଜ ମୁଇଁ ବି ଝଡିପାରେଁ..
ଫେର ତୋର ପାଲି ବି ଆସିପାରେ,
କିଏ କେଭେ ବଖଲିଯିବା

ଆଗତ କଥା କିଏ ଜାଣିଛେ ?
ଚିତ୍ରଗୁପ୍ତର ବି ହିସାବ କିତାବ
ଏବେ ଫେଲ ମାରୁଛେ ।
ତରକି ଥା, ସମିଆ ରକତ ମୁହାଁ ହେଇଛେ ।

ଆଁଖିଲ ସମୁଦ୍ର ଲହଡ଼ା ମାରି
କଲଜା ପଥରେଁ ହାପସି ହେଉଛେ,
ଧୈର୍ଯ୍ୟର ପାହାଡକେ
ମନର ମୂଷା ପୁଲପୁଲା କରିଦେଉଛେ ।
ଦେଖତ ଧଡଧଡି ଆଏଜ
ଧୁକୁର ପୁଚୁର ହେଉଛେ ।
ତରକି ଥା, ସମିଆ... ରକତ ମୁହାଁ ହେଇଛେ ।

ମୋର ବଡପନି କଥା
ମତେ ଆଏଜ ଟାଁଚୁଛେ,
ତୋର ଦୁଆଁ ଛିଣା ଟୁଁଣ
ସରମର ମାଡେ ଉଲମିଛେ ।
ଇ... କାଲଜିଭ ଟା ଆଏଜ
ଲେଉବେଡେଇ କରି କହୁଛେ ।
ତରକି ଥା, ସମିଆ... ଆଏଜ
ଲାଁ...ଲାଁ... ଲାଁ... ଲାଁ...
ରକତ ମୁହାଁ ହେଇଛେ ।

ଦେବସ୍ମିତା ନାୟକ

ଆଜିର ନାରୀ ଶକତି

କାଏଁ ହେଲା ଯେ ଆଏଜ ଦେଉଛୁଁ
ନାରୀ ଶକତି ଉପରେ ଏତକି ଜୋର ?
ଏନ୍ତା ନାଇଁ ଲାଗବାର କାଏଁ,
ଆମେ ନିଜେ ବନଉଁଛୁଁ
ନାରୀ କେ କମଜୋର ?

କେତନି ତାରିଫ କରସନ ଲୋକ
ଯେତେବେଲେ ନାରୀ ସମ୍ମାନିତ ହେସି,
ସେହି ଲୋକ ମାନକର ମୁହେଁ ମଡା ପଶିଯାଏସି
ଯେନ ସମଆଁନେ ନାରୀ ଅପମାନିତ ହେସି ।

ନାରା ଦଉଛନ
ନାରୀ ଶିକ୍ଷା ! ନାରୀ ଶିକ୍ଷା !
ଆଏଜ ଭି ନାରୀ ଶିକ୍ଷା ଲାଗି ନାରା ଦିଆ ଲାଗୁଛେ ?
କାଏଁଥିର୍ ଲାଗି ?
ସେ ଦୁଇ ଅକ୍ଷର୍ ପଢ଼ବାର ଲାଗି ଭିକ ମାଗବାର ପଡୁଛେ ।
ହଁ ହଉଛେ ଆଜି ନାରୀ ସଶକ୍ତିକରନ,
ହେଲେ କହ ତ, କିଏ କଲା ନାରୀ ଶକ୍ତି ହରନ ?

ଦେଖ ମାହାପୁରୁ

ଦେଖ ମାହାପୁରୁ
ଯାହାକେ ଗଢ଼ଲୁ ଏତେ ସରାଗେ
ନାଇଁ ହେଲା ସେ କେନସି ଆଡକେ ।
ଧଏନ ଧଏନ ଇ ମୁନୁଷ ଜାଏତ
କାମ ପଡଲେ ସୋର କରସି
ମୁନୁଷ ହଉ କି ମାହାପୁରୁ,
ବିପଦ ପଡଲେ ଲେଖି ରଖିଥା
ଡାକବା ତତେ ବଡ଼େପୁରୁ ।

କାମ ଥାଉ କି କାଜ ଥାଉ
ଜୁହାର କରବା ଶହେ ଥର,
କାମ ସରିଗଲେ
ଦେଖ ମହାପୁରୁ! କହେବୁ ତାକେ,
ଘାଏ ମତେ ଭି ସୋର କର ।
କାମ ସରିଗଲେ ନାଇଁ ପଚରାଏ ସେ
ମୁନୁଷ ଥାଉ କି ମହାପୁରୁ,

ଭୁଲ୍ କହେଲିଁ ବଏଲେ ମାଫ କରିଦେବୁ ମତେ
ଜୁହାର କରୁଛେଁ ତତେ ।

ଧର୍ମରାଜ ମହାମଲ୍ଲିକ

ମୃଗୟା

ଗନ୍ଧମାର୍ଦ୍ଦନକେ ଆବରି ଧଏଲେ ବଂଜରପନ
ଅଥୋଥାଳି ହେଲେ ଲୁ!
ତମ୍ଭର ଅଲତା ମଖା ପାଦେଁ;
ଚୁମା ଦେବା କାପକାପି ।

ଆମ ପାଲଟିଲେ ଲେଡି
ସୁରଜମୁଖୀ ପିନ୍ଧଲେ ପାଟ ପିତାମ୍ବରୀ
ରଚୋକରି ରଚବା ତମର ଦିହେଁ ହଲଦୀ

କୁଇଲି ଗାଏଲେ ମୂର୍ଚ୍ଛନି
ଭଣାରକନ୍ତୁଁ ନରଦି ଆଏବା ମେଘ
ଠିକ ସେତେବେଲେଁ ତମେ ଖୁଲିଦେବ ତମର ଖୁସା

ଆକାଶେଁ ଫୁଟଲେ ଇନ୍ଦରଧନୁ
ତମେ ମୁଜିଦେବ ତମର ଆଏଁଖ
ପୃଥିର କେନସି ଗୁଟେ କୁନେ
ଉବଜି ଆଏବା ପାଟବେନ୍ଦଲାର ଗୁମାନ!

ସୁନାର ହରିଣ ମାଗ କି ଐରାବତ
ରାନୀ ହାର ହଉ କି ଦୁଲଫୁଲ
କସ୍ତୁରୀ ମାଗ କି କପୂର,
ହୁରମୁଖିଆ ଢୁକିଯିମି ମୃଗୟା !

ଚନ୍ଦରମୁଖୀ !
ନାଇଁ ଫିରଲେ ମୁଇଁ,
ନାଇଁ ହେବ ହୁରଗୁନି

ଶୀତଲ ତରଲ ହେଇ ସୋର କରବ ଘଡେ
ମୁଇଁ ହରମିଶା ତୁମର ପାଖେଁ !

ଅବଗାହୀ

ରକତେଁ ଫୁଟଲେ ଖଇ
ଖମନ କେ ଝାଞ୍ଜିଲେ ନିଆଁ
ବଫୁ ଥିଁ ରଚଲେଁ ଉର୍ଘା
ତମକେ ହେବାର ହେବା ଅବଗାହୀ
ଗୁଟାମୁଟା ଖୁଲି ନେବାର କେ ହେବା
ଗଠଲି ମାନକର ପଏଗୁନ !

ଘୁଟି ଆଏଲେ ଭଣାଁରକନୁଁ ମେଘ
ଭୁର୍ଡାବାରକେ ହେବା ବଉଲ ଫୁଲ ମାନକେ
ଦେବାରକେ ହେବା
ରୂପ କେ; ରୂପଘାରିକେ
ଫିରିଆଏବାର ଟିଆ ।

କହ ତ ତମେ ?
ଉପକେଇ ଆନି ହେବା କାଏଁ
ଜାଡ଼ର ଓଷ
ବୈଶାଖର ଜୁଏ
ଆରୁ, ଫଗୁନର କୁହୁ ?

ପୁଟପୁଟେଇ ହେଇ କହିଦେଲେ ତମର କାନେ
"ଲୁକ ଲୁକ ରେ କୁମ୍ଭାଟି...
ବାଘ ସାଁପ ଆଏଲା ନ"
ଲୁକିଯିବା ଭାଏଲ କୁମ୍ଭାଟି ?

ଡବକି ଉଠଲେ କଲବଡାହା
ପେସେରେଇ ପାରବ ଉସାର-ପିସାର ଛାତି ?
କି,
ଗର୍ଜି ଉଠଲେ ହୁଁକାର
ସୁଆଁଲି ନେଇ ଜନ୍ମେଇ ପାର୍ବ ଶାନ୍ତି ?

କବିତା ଥିଁ କାଏଁ ଦାଆଁ ଲାଗସି ?
ଆନି ହେସି ଭାଏଲ କବିତା ଥିଁ କ୍ରାନ୍ତି ?
ଉଜଲ ସଜଲ ଦିଶସି ଭାଏଲ ବରୁଆ
ନାଇଁ ନାଇଁ...
କବିତା ନାଇଁ କରେ କିଛି !

ଯାହା କରବ ତମେ କରବ କବିତା ଥିଁ !
ତମକୁ ହେବାରକେ ହେବା ଅବଗାହୀ ।

ନବୀନ ସାହୁ

ଭାଲନି

ସେ କେନ୍ତା କରି ମୋର ବିନେ ରହୁଥିବା,
ମୁଇଁ ଜେନ୍ତା ଇ ରାଏତ କେ ସହୁଛେଁ,
ସେ ବି ହେନ୍ତା ସହୁଥିବା ?

ମୋର କଥା ପଦେ ନି ଶୁନଲେ
ରାଏତ ଉଜାଗର ରହୁଥିଲା ସେ
ଏଭେ ତାହାକେ ବି ମୋର ବାଗିର
ମୁଦା ଆଖି ଚେତବାର ଆଦତ ଲାଗି ଯାଇଥିବା ।

ମନର ଅକୁହା କଥା ବେଦେନ ବାଗିର
ଡହକ ବିକଲ କରୁଥିବା ତା'କେ
କନକନି ମନ କାନ୍ଦି କାନ୍ଦି
ପିଞ୍ଜରାର ଚେରେ ଲେଖେଁ ମରି ଏକା ଯାଇଥିବା ।

ତାହାକେ ହରାବାର୍ ଦୁଃଖ କେ
ମୁଇଁ ଯେନ୍ତା ଭୁଗୁଛେ ହର ଘଡ଼ି
ସେ ବି ଇ ବିଛୋଡ ହାଁଡ଼ି ଭାଜି ହେଇ
ଅଛରେ କାନ୍ଦୁଥିବା ।

ମନ ନୁରୁଥିବା, ଆଏଁଖ ଫୁଟି ଯାଉଥିବା
ସେମି ଲହ ଯେତେ ପାଆଁଲିଲେ ବି
ହେ କାଏଁ ଆକାଶକେ ଲହଁପେଇ ପାରବା
ରାଞ୍ଜେ ଏକା ଗୁରହେଇ ହେଉଥିବା ।

ଗଜଲ

ଏ ଜୀବନ, ତୁଇଁ ଟିକେ ଦମ ଧରି କରି ରହିଥା
ଚଢ଼େନ ପଡ଼ିଛେ, ଗୋଡ଼ ଦମସେଇ କରି ରହିଥା ।

ସପନକେ ବୁଟକେଇ କରି କା'ଣା ପାଏବୁ ତୁଇଁ?
ଇନେ ତ ସତ ବି ବୁଟୁଡ଼ି ଜାଏସି, ଟାଖି କରି ରହିଥା ।

ତୋର ହଜାରେ ଭଲ, ଗୁଟେ ସେମେଲ ଫୁଲର ରୁଆଁ
ସୁରକ୍ଷୋ ଏଡ଼େ ଭୁଲ ପାହାଡ଼ ହେସି, ଦେଖି କରି ରହିଥା ।

ନିନ୍ଦା, ବଦନାମ, ଅପମାନ ର ଆଏସ କେତେ, କହ ?
ଖରା ଗଲେ ବର୍ଷା ଆଏସି, ସହି କରି ରହିଥା ।

ତୋର କପାଲେ ଯାହା ଅଛେ, ତାହା ପାଏବୁ, 'ନବୀନ'
ଡକରା ଆସବା ଉପରୁ ଦିନେ, ଇଛେନ ଜିଇଁକରି ରହିଥା ।

ନୀଲାଦ୍ରି ନାଥ ରାଉତ

ସକାଲ

ଗୁଟେ ଗୁଟେ କରି ଏବେ...
ସଁକଲିବାକେ ପଡ଼ବା ସବୁକେ,
ଯେନମନକେ...
ଉଖନି କରି ଫିଙ୍କି ଦି'ଥିଲି...
ଗଲା ରାତି, ଖଟ ତଲେ...
ବେଧଡକ ଖୁସଲେଇ ଦି' ଥିଲି,
ତୋର-ମୋର
ଅଁଟା ତଲର କପଟା ସଙ୍ଗେ,
ସୋର ବୁଡ଼ବାର୍ ନୁ...
ସୋର ହେବାର ପତେ,
ହେନ୍ତା ଏଖା ଇଥିତେଇଁ...
ପଡ଼ିଥିବାର୍,
ସଭ୍ୟତା... ଭଦ୍ରତା...
ସଂସ୍କାର୍... ସମ୍ମାନର୍...
ଚିକନ-ଚାକନ ଗୁନ୍ ମନକେ,
ଲୁଁଣେଇଁ କରି ଝାରବାର ହେବା,
ଫାପରି କରି ସଜାବାର ହେବା,
ସଜେଇ କରି,
କିଏ ଦେଖବାର ଆଘନୁ...
ବନେକରି ପିନ୍ଧି ଦେବାରକେ ପଡ଼ବା,
କାଁ ଯେ ବେଲେ... ସକାଲ ପେଲା ନା...!
ତୁଇ ଫୁନି ଜଲଦି ଜଲଦି

ଉଖନି ପକା,
ରାତି ଡାକି ଡାକି କରି...
ଡେରା ବନ୍ଦେଇଥିବାର୍...
ତୋର ମୋର
ଯେତକି ଗୁପତ-ଗୁନ,
ଗଁଏଠ ପାରିକରି ଲୁକେଇ ଦେ
କେନ ଗୁଟେ ଅନ୍ଧାର କୁନେ...
ଯେନ୍ତା ସବେ କରସନ...
କିଏ ଦେଖବାର ଆଘନୁ,
କାଁ ଯେ ବେଲେ ସକାଲ ପେଲା ନା !

ଅଭିନଏ

ଅଭିନଏ କରବାର୍ ତି ତୋ ଇନ
ସବୁ ଓସ୍ତାଦ ଅନ...
ନେଇହେଲେ କେଁ ହେଲା ଯେ
ମୋର ମାଁ ରାତି ଭୋକେ ଶୁଇକରି...
ସକାଲେ ଜନି-ଫୁଲିଆ ହଁସି ଟେ ହସତା ?
ମୋର ବା' ଓସନିନ୍ଦ୍ରା ଥେଇକରି
ସକାଲୁ ସୁଖ-ନିଦ୍ରାର ରକମ ଟେ କରତେ ?
ସାନ ବୁଇ ବହି-ପତର୍ ନେଇ ଥେଇ କରିବି
ଆମ ବାପା ନୁଆଁ ନୁଆଁ ବହି...
ଆନିଦେସନ ବଲି କହେତା... !!

ଡାଏଲଗ ବାଜି ତି ବି..
ସବେ ନା କରା ଯେ..
ନେହେଲେ..

"ସମ୍ପର୍କ" ର 'ସ' ନେଇ ଜାନିଥିବାର ପୁଝାରୀ
ସାତ-ଜନମର ମନ୍ତର ଗାଏତା...!
"ଗରିବ"ର 'ଗ' ନେଇ ଜାନିଥିବାର୍ ନେତା ମନେ
ମଁଚା ଉପର "ଗରିବର ବିକାଶ"ର...
ରଡ଼ା-କିରଲା କରତେ..?
କେଁ ହେଲା ଯେ
ଆଶ୍ରମ କେ "ବେଶିଆ ଖାନା" ବନେଇ ଥିବାର
ନାଁ କରା ବାବା ମନେ 'ଧରମ'ର ପ୍ରବଚନ ଦେତେଁ..
କେଁ ହେଲା ଯେ
"ସୁରତ?" ତି ଟେବୁଲ ସାଫ କରୁଥିବାର...
ଆମର ଗାଁର ମକାରୁ..
ମୁଇଁ 'ମେନେଜର' ଅଛେଁ ବଲି ଡିଂଗ ମାରତା...?
ଆର ଶେଷ...
ତମେ ଫୁନି ତୋ ଅଭିନଏ କରୁଛ...
ଥେଇକରି-ନେଇଥିବାର,
ନେଇ ଥେଇକରି-ଥିବାର,
ମନ୍ଦିର ନେ,
ମସଜିଦ ନେ,
ଆର
ଗୀର୍ଜା ନେ ।

ପ୍ରଶାନ୍ତ ପ୍ରଧାନ

ରାଏତ : ଗୁଟେ ଉଲଗୁଲାନ ର କଥା

ରାଏତ ବି କେଭେଁ କେଭେଁ
ଫେରାର ହେବାର କେ ଚାହେଁସି
ତାର କଲା ଝୁଁ ଝୁଁ ଅନ୍ଧାର କେ
କାହାର ହାତ ମୁଠା ଥିଁ
ଥୁଇ ଦେଇକରି ।

ଜନ କେ ତାର ନାକର ଗୁନା କରି
ପିନ୍ଧିସାରଲା ଉତାରୁ
ସେ ହେଲେ କାଣା ହେଇପାରସି ଭେଲ
ଉଜ୍ଜୁଲ ଆକାଶର
ତରା ନି ଥିବାର ଦିନ ଟେ ?

ହେଥିର୍ ଲାଗି ତ
ଘାଏ ଘାଏ ସେ
ଖୋବ ଟେ ଡରସି...
ତରା ଆରୁ ନକ୍ଷତ୍ର ମାନକୁ
କୁଲେ ଧରିକରି
ନିଜ କେ ନିଜେ
କେତେ ବୁଝାସି,

ଅଧ ରାତି ଫେର
ତାର ଛାତି ତଲେଁ

କେତନି କେତେ ଦିହିର
ନିଲାମ ଚାଲିଥିସି,

କିଏ ଗୁଟେ ଫେର
ତାର ଡବ ଡବ ଫୁଟୁଥିବାର
ତତଲା ରକତ କେ
ଢାଲି ଦଉଥିସି
ଆର କାହାର ମେଲା ଦିହିଁ ଥି ।

ଝିଁକାରିର ଝିଁ ଝିଁ ଆବାଜ ଥି
ହଜି ଯାଏସି ସବୁ ଶବଦ,

ଶେଷ ପହର କେ
ପଡି ରହେସି ଖାଲି ଗଦା ଗଦା
ଖୁଲା ଦିହି
ଯାହାକେ ଢାପି ନି ପାରେ
ଇ ରାଏତ,
ଖାଲି ଯାହା
ସାକ୍ଷୀ ହେଇକରି ରହେସି
ସବୁଯାକ ପାପ ର ।

ସୁରୁଜ ଉଦବାର ସାଙ୍ଗେ
ଖବରକାଗଜର ପହେଲା ଧାଡି ଥି
ଛପା ହେସି
ରାଏତ: ସାଖି ଗୁଟେ ଦୁଷ୍କର୍ମ ହେଇଥିବାର ଟୁକେଲ'ର
ସାଥି ଗୁଟେ ଅପରାଧିର...

ସେଥିଲାଗି ତ
କଲଙ୍କର ରତୁଟେ
ତାର ଦିହିଁ ସାରା ଭେଦିଯିବାର ଆଘୋନୁ
ଲିଭି ଯାଉଥିବାର ସୁରୁଜ କେଁ
ଆବରି କରି
ସେ କରବା ଉଲଗୁଲାନ ।

କେଭେଁ ତ ଫିରବ

ଦେଖତ
ହରିଶଙ୍କର ସେଲା ପଥରର
ପାଏନ ସାଙ୍ଗେ
ତମେ ସରଲିଗଲ ଯେ
ଆଉ ନାଇଁ ଫିରଲ,
ବହିଗଲା ପାଏନ
କାଣା ଫିରସି ଭାଏଲ ଯେ
ତମେ ଫିରବ ?

ଛେଲିଆ ଡଙ୍ଗରର ତଲେ
ତମର ନାଁ ଧରି
ମୁଇଁ କେତେ ଡାକିଛେଁ
ହେଲେ ମୋର ଆବାଜ
ମୋର ନିକେ ଫିରି ଆଏଲା ସିନା
ତମେ ନାଇଁ ଫିରଲ...

ହୀରାକୁଦ ଫଟିକ ପାଏନ ନ
ମନର ଗରିକଁଟା ଥି

ପିରତିର ଚରା ଦେଇ
କେତେ ଗରି ଖେଲିଛେଁ,
ଝୁରି ଘିଚଲା ବାଗିର
ଆର ଘାଏ ତମକୁ
ଇ ଛାତି ନିକେ
ଘିଚି ଆନମି ବଲି,
ହେଲେ ତମେ କାଣା
ସେ ଚରାର ଲୁଭେଁ ପଡଲ ଭାଏଲ୍ ?

ବାରପାହାଡ ଜଙ୍ଗଲ ଥି
ବେଲବୁଡିଆ ଝିଁକାରୀର
ଝିଁ ଝିଁ ଆବାଜ କେ
ତମ ପାଏଁଝଲ ଭାବିକରିଁ
ତମକୁ କେତେ ନୁରିଛେଁ
ହେଲେଁ ତମେ ଆରୁ କାଣା ମିଲବ ?

ତମେ ତ
ଅଫିରା ଚାଲତି ଧରସାର
ବାଟ ସାଙ୍ଗେ ଲମିଗଲ
ଆର ମତେ ଦୁଇବଟିଆ ବାଟ ନ
ଏକଲା ଠିଆ କରେଇଦେଲ ।

ହରିଶଙ୍କର ଛେଲିଆ ଡଙ୍ଗର
ହୀରାକୁଦ ବାରପାହାଡ
ଆର କେତେ ଦୌଡିମି,
ହେନର ଗଛ ପତର
ପାଏନ ପବନ
ସଭେ କହି ପକାଲେନ ମତେ,

ଫେରବି ତମକୁ ଖୁଜମି
ଆର ତମର ଆଶ କେ
ନେଇକରି ବଁଚିମି,
କେଭେଁ ତ ଫିରବ
ଇ ଜୀବନ ଯିବା ଆଘୋନୁ
ହଁ
ଇ ଜୀବନ ଯିବାର୍ ଆଘୋନୁ ।

ଫିରୋଜ କୁମାର ପଟେଲ

ଝି ଟେ ହେତା କାଁଏ ମୋ

ତାକ ଥେଇଥେଇ
ନଚଉଥିତି
କାଁଚି କୁଡି
ଖେଲଉ ଥିତି
ଆଁଏଖ ଖୁଲଲା ବେଲକେ
ତାର କେଁ କେଁ ଶବଦ ଥି
ହେଉଥିତା ଭୋର
ଝି ଟେ ହେତା କାଁଏ ମୋର ।

ଚୁମା ଗୁଟେ ଥୁଇ ଦେଇ
ତାର ଫୁଲକା ଗାଲେ
ତାର ସଙ୍ଗେ ଛୁଆ ହେତି
ଲୁକଲୁକାନି ଖେଲେ
ତାର ପନତରା ର
ଛାପଲ ଗଙ୍ଗା ଥି
ଭିଜିଜିତା ଖଟ କୋର
ଝି ଟେ ହେତା କାଁଏ ମୋର ।

ଛୁଟେ ଛୁଟେ ପାଦେ ଚାଲତା
ରୁପାର ପାଏଝୋଲ ବାନ୍ଧି
ମୋର ଘରେ ବୁଲତା
ମତେ ଘୁଡା ଫାନ୍ଦି
ମୋର ଭାଏର ପୋ କେ

ସବୁ ଦିନ ଲାଗି
ଖୁଜି ଦେତି ରାକ୍ଷୀ ଡୋର
ଝି ଟେ ହେତା କାଁଏ ମୋର ।

କୋଟି ଜନ୍ମର ପୁନ୍ୟ ପାଏତି
ତକେ ଦାନ ଦେଇ
ପଲାତା ସେ କନିଆଁ ହଇ
ମତେ ଏକଲା କରି ଦେଇ
କାନ୍ଥି ନ ଟାଙ୍ଗଲା ମାନପତ୍ର ଭିତରେ
ତାର ମୋର ମିଳନ କେ
ନୁରୁଥିତା ଆଁଏଖ ମୋର
ଝି ଟେ ହେତା କାଁଏ ମୋର ।

ମୋର କଲଜା ହଇ ବି
କରି ଦେତି ପର
ଅଲଗା ଲୁକର ସଙ୍ଗେ
ବଟାତିଁ ଊଁଝ୍ୟା ଘର
ସବୁ ବୁଝି ବିରଝି ଭି
ତାର ଶଶୁର ଘରେ
ମତେ କରୁଥିତା ସୋର
ଝି ଟେ ହେତା କାଁଏ ମୋର ।

ଯେଭେ ଭାଙ୍ଗତା ମୋର ବପୁ
ସବୁ ହେତେ ପର
ଦଇବର ଡକରା ପାଏଲେ ମୁଇଁ
ସେ ଆଏତା ମୋର ଘର
ତାର ହାଁତୁ ତୁଲସୀ ପାଏନ
ମୋର ଟଁଟି ପଡ଼ଲା ଉତାରୁ

ବୁଡି ଯାଏତା ମୋର ସୋର
ଝି ଟେ ହେତା କାଁଏ ମୋର ।

କହୁଥା ଦୁନିଆଁ ପାଗଲ ମତେ
କିଏ ଶୁନେ କଥା ତୋର
ପୋ ପୋ ର ସପନ ମହଲେ
ଝି ଏକା ହୀରା ମୋର
ମରଲା ପରେ ନାଇଁ ସୁରତ ମତେ
ମୋର ଝି ଜନମା ପୁନ୍ୟର ଫଲ
ଥୁଡେ ନେବା ଚୋର
ଝି ଟେ ହେତା କାଁଏ ମୋର ।

ବାପ ହଇ ଦୁନିଆଁ ଅବେଲର
ସାହାରା ବାଡ଼ି ବନଉଥିତି
ପିରତିର ମହୁଆ ନିଶା ଭରା
ମମତାର ଶାଢ଼ୀ ବୁନୁଥିତି
ମଲେ ମିଶତି ଏନ୍ତା ମାଟି କି
ଛୁଆର ଖେଲନା ବନୁଥିତି
ଏତକି ନ ଇଛା ମୋର
ଝି ଟେ ହେତା କାଁଏ ମୋର ।

ତୁମେ ଆମକୁ ଗାଉଁଲି ରହିକେ ଦିଅ

ଗାଁ ଖୁଇଲକେ କଂକ୍ରିଟ ଚଢ଼ଲା ଦିନୁ
ମୋର ଗାଁ ଏନ୍ତା ହଜଲା ଯେ
ଆର ଖୁଜି ନାଇଁ ହେଲା
ପୁଲିଆ ହେଲା, ସଡକ ଚଉଡା ହେବାର ଚୁଟେ

ଶାଗୁଆ ଏରିଆ ସଫା ହେଇଗଲା
ଗଦା ଗଦା ଖାର ଉଲଦି
ମାଏଟକେ ବାଁଝେନ କରାହେଲା
ସଜଉଛୁ କହି ଗୁଟା ଗାଁକେ ଉଜରେଇ ଦେଲେ
ସହି ହେବା କାଏଁ କହ
ମାନ୍ୟବର ଦୟାକର;
ତୁମେ ଆମକୁ ଗାଉଁଲି ରହିକେ ଦିଅ ।

କାହାର ପିଢ଼ାତରାଥି ବସେଇ
ସିଂହନ ପୁଛିପୁଛି ଶିଖେଇଥିଲେ ମୁନୁ ଦିଦି
ଆମର ନାହି କରିଥିଲେ ଆଁଟ
ନୁଆଁ ଘର, ନୁଆଁ ରଙ୍ଗ ସଙ୍ଗେ
ନୁଆଁ ହେଲା ମଙ୍ଗନା ଇସକୁଲ
ହେଲେ ବିନା ମାଷ୍ଟର ଥି କେନ୍ତା ପାଠ
ମଙ୍ଗନା କୁର୍ତ୍ତା ମଙ୍ଗନା ଜୁତା
ଆର ଅଣ୍ଡାଭାତ ଥି ଭୁରତାଲ ସିନେ
ହେଲା ସେ ଭେଷଜ ଭୁଲିଆ ର ପୋ
କେନେ ପାଇ ପାରଲା ଡିଜିଟାଲ ଇଣ୍ଡିଆର ବାଟ
ଶିକ୍ଷାର ଉଜଲ ଟିକେ ବି ନିଦେଇକି
ଅନ୍ଧାରେ ରଖଲେ କେନ୍ତା ହେବା କହ
ମାନ୍ୟବର ଦୟାକର;
ତୁମେ ଆମକୁ ଗାଉଁଲି ରହିକେ ଦିଅ ।

ଇନେ ଶୁଇନ ନାଇଁ ହେଉଥାଇଁ
କୁସେର ପେରା ଘନା
ପାତଲ କୁବି ଲେହେଟିଆ ଶାଗ ତ ଛାଡ଼୍
ଧାନ ସଙ୍ଗେ ଫଲେ କେରାକେରା ସୁନା
ଗଁଏତି ଥି ମାଏଟ କୁଡି କୁଡି

ଇନେ ଚଲୁଥାଏ ଜୀବନ
ନଙ୍ଗଲ ଜୁଏଡ଼ ପଟା ଆଡ଼ମଇ
ଆଉ ବାସି ପଖାଲ କଁସେ ଥି
ଇନେ ଦେଖି ହେଉଥାଏ ସପନ
ଟଙ୍କେ କେ ଚାଉଲ ମୁଠେ ଦେଇ ଅପାଙ୍ଗୁ କଲ
ମାଏଟ ନୁ ଜୀବନ ପନହାବାର ଓସ୍ତାଦି କେ ଲୁଟି
ଆତ୍ମନିଭର କରୁଛୁ ବଏଲେ,ହଁ ବଲମୁ କାଁଏ କହ
ମାନ୍ୟବର ଦୟାକର;
ତୁମେ ଆମକୁ ଗାଉଁଲି ରହିକେ ଦିଅ ।

ସୁରଜ ଦେବତାକେ ପାଏନ ଢ଼ୁଁଝଲେ ଦେଇ
ବୁଧୁ ଦାଦାର ଦିନ ମୁଲ ହେଉଥିଲା
ଗାଧି ଗଲା ବାଟୁ ଇରାବତୀର ବାଏଲ ଚୁଆଁ ନୁ
ଜୁଡ଼ା ଗରିଆ ଥି
ମାତା ପାଏନ ବୁହି ଆନୁଥିଲା
ତୁମେ ତାକେ ଦେଖେଇଦେଲ
ନଲକୁଆଁ ର ସପନ
ତୁପିଦେଲ ବଡେ ବଡେ ନଲା
ଏବେ ଶୁଖା ନଲକେ ଦେଖି
ସୁଖା ଟଁଟିକେ ବୁଝେଇ ହେବା କାଁଏ କହ
ମାନ୍ୟବର ଦୟାକର;
ତୁମେ ଆମକୁ ଗାଉଁଲି ରହିକେ ଦିଅ ।

ନୂନଥିର କରି ଚଲିଯାଏ ଘରଯୁଗୀ
ଭତତା ବଢ଼ବାର ଚକ୍କର ଥି
ଏନ୍ତା ଉଲଝାଲ ଯେ
ବିଚରି ଫିରୋଜ ବେଙ୍କ ଦୌଡୁଛେ
ଏରିଆନୁ ପତର ବସ୍ତେ ବନଢେଇ ଆନଲେ

ମନଭଏର ଜୁଏଛାଏ କରେ ପତରା
ଗେସଟାଙ୍କି ର ମାୟା ଏନ୍ତା ଲଗାଲ ଯେ
ଏବେ ଫି ମାସେ ଗେସ ଟାଙ୍କି କେ ଜୁଗିଛେ
କାଁଣା କରିକେ କରଜ କଲା ଅଉଁଲା
ଏବେ ଗ୍ରୁପପାଟିର ସୁଧ ଦେଇଦେଇ ମରୁଛେ
ଏତେ ସବୁ ଦେଖି ବି
ଅନଦେଖା କରିହେବା କାଁଏ କହ
ମାନ୍ୟବର ଦୟାକର;
ତୁମେ ଆମକୁ ଗାଉଁଲି ରହିକେ ଦିଅ ।

ଆମବୁଢ଼ୀ ର ତେଲସେକା ନୁ ମୁଲ ହେଲା ଜୀବନ
ନଦୀ ତରାର ଆମ ବୁରେଇ ନେ ସରିଯାଏ
ଆମେ ସବ ଗାଉଁଲି ହେଇକି ଥାଉଁ
ସବୁ ଠିକ ଥାଏ
ମାଲ ମାଲ ଯୋଜନା ଥି ଏନ୍ତା ଗୁପାଲ ଯେ
ପାଟି ପଲିଟିସ୍କ ରେ ମାଟି ହଜି ଯାଉଛେ
ନା ବଁଚି ହେଉଛେ, ନା ମରି ହେଉଛେ
ଗାଉଁଲିକେ ମାରି ସହରୀ ହ କହୁଛ ଯେ
ଆମକୁ ଦରମରା କରି ନାଇଁ ଛାଡ଼
ମାନ୍ୟବର ଦୟାକର;
ତୁମେ ଆମକୁ ଗାଉଁଲି ରହିକେ ଦିଅ ।

ଉହୁଲେଇ ବିହିଲେଇ ଦେବୁ
ମୋର ମସାନ କୋର ।

ଆର୍ କେତେ ଟାକମି
ଗାଇଦେବୁ କୁଇଲି ସଂଗେ
ମିଲନର ମଧୁର ଗୀତ

ବସନ୍ତ କୁମାର ମହାକୁର

ସିରଜିନାର ନୁଆଁ ରୁପ

ତତେ ନେଇ କେତେ କାହାର ସପନ
କେତେ ଭୋକ-ଶୋଷ
ଫେରଭି ଏତେ ସୁନ୍ଦର, ନରମ, ମଧୁର
କେନ୍ତା ହେଇପାରସୁ ?
କେନ୍ତା ଦିନ ରାଏତ ଚେଁତି ପର୍ ସୁ
ଇ ଦୁନିଆଁ କେ ନୁଆଁ ସିରଜିନାଟେ ଦେମିବଲି;
ଉଡ଼ି ପାରସୁ ସବୁ ଦୁଃଖ ଜଂଜାଳ
ଆର କଲଙ୍କିର ପି ପଛରା ?
ତଥାପି ତୁଇ ନିରଲଜ ନାଇଁ ହେଇ ପାରୁ
ତୋର ନିଜରନୁ !
କେନ୍ତା ହେଇ ପାରସୁ ଏତେ ବେଫିକର
ଇ ବେରଙ୍ଗୀଆ ସଂସାରନୁ ?
ଯାହାର ଆଏଜ କି କାଲିର ପତା ନାଇଁନ;
ଫେରଭି ତୁଇ ନୂଆ ଦିନଟେ ସକାଲଟେ
ଖୁସିର ଦୁଇମୁଠା ଉଁକିଆ ସଁକଲି ରଖିଛୁ
କେଁନସି ଅନଧାର ନୁ.
ଇ ସବୁ ଜରୁରି ଥିଲାକେଁ ତୋରଲାଗି
ଗୁଟେ ଶରୀର ଆର ଆତ୍ମା ବଲି ?
କେନ୍ତା ହେଇପାରସୁ ଏତେ ବେଫିକର....

ନୀରବ ନାରୀ

ହଜି ଗଲାନ ବନିହାଦିନୁ ସପନ ଟେ
ଅସମିଆର ଧୁକାଗରେଲ ପୁଛି ନେଇଗଲାନ
ଘିଚାଟନାର ଜୀବନ, ସପନ ଦେଖିବାର ମନ ।

ଆଗପଛ ଉପରତଲ ସବୁ ଶୁଇନ ।
ଆଘର ସେ ଠିକାନା ଆଉ ନାଇନ
ଜେନୁ ପାଏନ ଗଡେ ରୁକିଦେଲେ ଘରଦ୍ୱାର
ଛପଲି ଯାଉଥିଲା,
ବଗବଗାନୁ ଫୁଟି ଯାଉଥିଲା ଫୁଲ କଢ଼ି
ସେଟା ଏବେ ସେତକି ନ ଖତମ ।
ଏଛନି ଖାଲି ତାର ଖୁଲାମେଲା ଜୀବନ ନୁ
ଉତପତିଆ ରାକସ ଟେ ମାଡ଼ି ବସିଛେ
ଉରଡ଼ି ନେଉଛେ ତାର କଅଁଳି ଦେହେ
କଁଚା ବଏସ କେ ।

ଫେର ସେ ତାର ପୂହୁର ଦେହେନୁ ପୁରା ନୀରବ ।
ହେଲେ, କେ ଝନେ ହସୁଛେ ତ,
କେ ଝନେ କାନ୍ଦୁଛେ ମରନ ନାଇଁ ହେଲା ବଲି
ଜନମ ହେଲାସେ ।

ବିଟ୍ଟୁଲ ମହାକୁର

ଘାଏ ଜୀବନକେ ଦେଖିଦେଖ

ଜାଡ ଖରା ବର୍ଷା ଥି
ଦିହୁଁ ଥିପି ପଡୁଥିବାର୍
ଚାଷୀର ରକତ ବୁନ୍ଦା ଥି
ଘାଏ ଜୀବନ କେ ଦେଖିଦେଖ
ଦେଖି ଦେଖ ତାର ଦଦରିଆ ଗୁଡେ
ଆଁ କରିଥିବାର ଫାଟେ ।

ଅନ୍ଧାର ଉକିଆ ଉଆଁସ ପୁନି ଥି
ଝଲଝଲ ବାରି ହଉଥିବାର
ମାଗିଖିଆର ପଞ୍ଜରା ହାଡ ଥି
ଘାଏ ଜୀବନ କେ ଦେଖିଦେଖ
ଦେଖି ଦେଖ ତାର ହାତର
ହଜାର ହଜାର ଗାରେ ।

ଦୁନିଆଁର ଭିଡ ଭିତରେ ଅନାଥ ହେଇ
ପେଟର ଲାଗି ମରନ ଯନ୍ତା ଥି
ବନ୍ଧକି ପଡିଥିବାର ଛୁଆର ଆଖି
ଘାଏ ଜୀବନ କେ ଦେଖିଦେଖ
ଦେଖିଦେଖ ତାର ମହାକାଶେ
ଦର ପନ୍ତରିଆ ପୁରଥି କେ ।

ଦାଦନ ରାକ୍ଷସର ଚିଡ଼ିଆଖାନା ଥି
ଦିନ ରାଏତ ଛଟପଟ ହଉଥିବାର
ଦାଦନୀର ଛାତିର ଗଙ୍ଗା ଥି
ଘାଏ ଜୀବନ କେ ଦେଖିଦେଖ
ଦେଖି ଦେଖ ତାର ଚିରା ପନତର
ଲମ୍ବା ଧରସା ଥି ।

ଜୁଆନ ପୁଓ ର ମରନ ଦେଖିଥିବାର
ନିଜର ହାତେ ସ ଦେଇଥିବାର
ବୁଆର କଲଜା ଥି
ଘାଏ ଜୀବନ କେ ଦେଖିଦେଖ
ଦେଖି ଦେଖ ସବୁ ସକାଳର
ମନ ଭିତରର କୁରୁକ୍ଷେତ୍ର ଯୁଦ୍ଧ ଥି ।

ଦେଶ ଲାଗିର ଗୁଲି ଖାଇ
ହସି ହସି ଶହୀଦ ହେଇଥିବାର
ଶହୀଦର ରକତ ବୁନ୍ଦା ଥି
ଘାଏ ଜୀବନ କେ ଦେଖିଦେଖ
ଦେଖିଦେଖ ତାର ଗଲା ଦିନର
ପାହା ତଲର ଧୁଇଲ ମୁଠେ କେ ।

ନିଜର ଆଏଁଖ ମୁଜିକରି
ପରର ଆଖିଁ
ପରର ଭାବନା ଥି
ଘାଏ ଜୀବନ କେ ଦେଖିଦେଖ
ଦେଖିଦେଖ ତାର କହେଲା କଥା କେ
ଆର ଲୁକାଲା ଦରଦ କେ ।

ଘାଏ ଘାଏ ସପନ

ଘାଏ ଘାଏ ସପନ ସରବାର ଆଘୋରୁ
ରାଏତ ସରି ଯାଏସି,
ରାଏତ ସରବାର ଅଘୋରୁ
ଜୀବନର ଦିଗ ବଦଲି ଯାଏସି ।
ଜୀବନ ଆର ସପନର ମିଲନ
ସୁଖେ ଦୁଖେ ହରମେଶା ହେସି
କେତେବେଲେ ହସେଇ ଦେସି ତ
କେତେବେଲେ ଲୁହର ଝଁକେର ଥି
ଉହୁଲେଇ ନେସି ।
ଜେଠର ରକତ ଶୁଖା ଖରାଥି ଭି
ଜୀବନର ଗଜା ଆଁକରି ଦେସି,
ତ ଶରାବନର ଅମରୁତ ଧାରେ ଭି
ଜଲିଜଲି ମାଟି ମିଶି ଯାଏସି ।
ଧଏନ ସେ ସପନ
ଧଏନ ତାର ଆଏଁଖ ଆର ହୁରୁଦ
କାଣା ଭାବୁଥିସି ଆର କାଣା ଦେଖସି ଯେ
ନା ଦେଖବାର ଛାଡସି
ନା ଭୁଲବାର ଚାହେଁସି ।
କାହାର ସପନେ ଭି ଜିବନ ଜିଇଁସି
ଗୁଟେ ଜନମେ ଶହେ ଥର ମରସି
ଆର ଶହେ ଥର ଜିଇଁସି
କେଭେ ସର୍ଗେ ତ କେବେ ମର୍ତ୍ତେ
ଇଆଡୁ ସେଆଡ ହଉଥିସି ।
କାଣା ତାର ମନକେ ଏତେ ଘିଚସି
କେନ ବନ୍ଧନ ତାହାକେ ଏତକି ରିସେ ଭିଡସି
ସମିଆର କରପନେ କେନ ଭାବ
ତାକେ ଯାକି ଧରସି
ହରମେସା ବାନ୍ଧିହେଇ ରହେସି ।

ବିକାଶ ଚନ୍ଦ୍ର ମେହେର

ମଉସୁମୀ

ତମେ ଆସବ ବଲି
ତମର ବାଟ ଅନସରିଛେଁ...
ସକାଲୁ ବେଲବୁଡା
ବେଲବୁଡା ନୁଁ ରାଏତ
ଆର ରାଏତ ନୁଁ ଫେର ସକାଲ
ମାତର ତମର ଦେଖା ନାଇଁ... !

ତମେ ଗଲା ଦିନୁଁ
ନାଇଁ ନ ଆରୁ ସେ ଖେଡେଖଲେ
ଲାଲ ଗଲଗଲ ସାଧେବ ବହର ଦେଖା,
ଗାଁ' ମାଏଟର ନାଇଁ ନ ମହକ
କଲାମେଘି ଚଡକର ନାଇଁ ନ ଧମକ
ଜୋର ନଲିଆ ସବୁ ଖଡ ଖଡ ସୁଖା ।

ଖରାର ମାଡେ ହିଂଜରି ଯେଇଥିବାର କୁକୁରାକେ
ବଡରି କାହା କେ ନୁରା,
ଗାଁ ମୁଡସାର ଆମ ବୁରେଇ ନ
ଗୋଠ ବାନ୍ଧିଥିବାର ଗାଏ ଦାମୁର ଖୁଜି ବସଲେ ନ
ସାଗୁଆ ବରନର କହଁଲି କହଁଲି ଲଟା !
ମାଖନୁ ବବା ବି ସଜେଇ ଦେଲା ନ
ହଲ ନଂଗଲ ଦଁରା ଜୁଡା କସନା
ରାଏତ ସରଡା କର ଲେହେଁଟି ଲେହେଁଟି
ତରା ଗନି ଗନି ପେଇ ଯଉଛେ ତାର ସକାଲ !

ଦେଖ ତ...
ତମେ ବି ଗଲ ଯେ ଯେଇଛ ନ... !
ଖିଆଲେ ଖିଆଲେ କହିଥିବାର
ମୋର କଥା ଦୁଇପଦ ଥି ଖିଜିଗଲ,
କି ନିଜର ଭାବି ହୁରସିଆ କଲା ଦିନୁଁ
ପରଛା ବିର୍ଝିଗଲ ଯେ... ?

ତମର ବିନେଁ ଇ ଜୀବନର ଗୀତ ପର୍ଛା ବେସୁରା,
ତମର ବିନେଁ ଆଖି ଦେଖିଥିବାର ହରଏକ ସପନ ଅଧୁରା
ତମର ବିନେଁ ଇ ଜୀବନର ରଂଗ ସେତୁଆ,
ଛାତି ତଲର ସାଗୁଆପନ ଟା ବିରହର ଝଉଁ ଥି କଲିଆ ।

ଛାଁଡ ଗଲା କଥାକେ ଭୁଲି ଯ'
ଆର ଆସ...
ସେ କଲାମେଘି ପାଟ ପିନ୍ଧି କରି
ବିଜଲିକେ ସାଜୋ ଖଂଜି କରି
କୁଟି ଦିଅ ଦରଲୋ ଦରଲୋ ବରଷା,
ଶିତଲ ହଉ ଧରତି ବୁହି ଯଉ ପବନ
ପଟ ପଟା ଭିଜୁ ତନ ମନ ଜିବନ
ପାହାଁଲି ଉଠୁ ସାଗୁଆ ବରନର ଆଶା... !

ଜୁଏ

ଆଏଜ ସେ ପିତାମହୁଲ ଜଙ୍ଗଲେ ଜୁଏ ଲାଗିଛେ...
ଦାଁ ଦାଁ ହେଇ ଜଲି ଯଉଛେ
ସବୁ କହାଁଲି କହାଁଲି ସପନ ଯେତେ ।

ଗୁଡା ଛାଡ଼ି ଉଡ଼ି ଯଉଛନ ଚେରେ ଚିରଗୁନ
ବର୍ହା, କୁଲହିଆ, ଖରା, ହୁଣାର
ସଭେ ଯେତେ ସହର ମୁହାଁ ।

ଇ ଦିନାକେତେ ଆଘୋ ନୁଁ
ଏନତା ଜୁଏ ଲାଗିଥିଲା ଗୁଲାପିର ଗାଗରେ...
କିଏ ଝନେ ଉଆଁସ ରାତି
ଲେଛେଇ ଦେଇ ଅଦମପତା ହେଇଗଲା
ନା ମିଲଲା ତାର ପତା କି ଠିକନା ।

ଫଗୁନେ ଅକରତିଆ କରା ବରଷା ଥି
ଝଡି ପଡଲା ଆମ ବଉଲ,
ଚାହାଁର, କେନ୍ଦୁ, ମହୁଲ ଗଛ ସବୁ ଯେତେ ଡୁଣା ।

ଆଏଜ ବି ସେ ଗୁଲାପିକେ ଡାକି ଦେସି ଦରପନ...
ଏ ଗୁଲାପି... ଆ' ନିଯେ ଦୁଖ ସୁଖ ହେମା,
ଆଏଁଖ ସାଂଗେ ଆଏଁଖ ମିଶେଇ ଭାବ ସମୁଦରେ ଉହୁଲିମା
ମାତରକ ଦରପନର ଡାକ ଶୁନି
ଦୁହିକାନେଁ ଖୁଟି ପିଟି
ଶୁଖା କାଠ ଲେଖେ ରହିଯାଏସି ଗୁଲାପି ।

ଟୁଣକେ କାଏଁ ହୁଲାହୁଲି ଦୁକାଲ ବଲି ତ
ଲାଜେ ସରମେ ଆଁଖି ଏଭେ ନାଇଁ ଲଗାବାର କଜଲ,
ଗୁଡେ ଆର ନାଇଁ ପିନ୍ଧବାର ପାଏଁଝଲ
କୁରି, ରାଁପି ହେଇ ନାଇଁ ହେବାର ନ ସଜେଇ ।

ସେ ଲସଲସା ସାଗୁଆ ବରନିଆ ଗଛେ
ବାନ ମାରିଦେଲା ଉତାରୁ
ଜିଁତା ଜାଗତା ଠାଟ ସିନେ ଅଛେ
ମାତରକ ସପନ ଯେତେ କୁଲକୁଲା ହେଇସାଏଲେ ନ...
ଏଭେ ସେ ଗୁଲାପି ଆର ଗୁଲାପି ହେଇ ନାଇଁ ନ !

ବ୍ରଜମୋହନ ମେହେର

ଇ ବରଷା'କେ ନେଇକରି ଗୁଟେ କବିତା ଲେଖମି

କବିତା ଲେଖମି
ହଁ, ଇ ବରଷାକେ ନେଇକରି କବିତା ଲେଖମି ।
ହଁ, ଇ ବରଷାକେ ନେଇକରି କବିତା ଲେଖମି ।
ଦିନଜାକୋ ଖଟିରଟିକରି ରାତିନେ
ଛନେ ଆଏଁଖ ଲିମଲାବେଲେ
ଫଟାଝିକର ନୁ ପାଏନ ଗଳିକରି
ନିଂଦକେ ହଜେଇ ନଉଥିବାର ଚିତରକେ ଚିତରାମି
ହଁ, ଇ ବରଷାକେ ନେଇକରି କବିତା ଲେଖମି ।

ଗୁଁଡ଼ିଆ ଭରତି
ଭୁରଭୁର ଭୁରସୁଁଡ
ରଟ ରଟ ଚାବୁଥିବା ମଛଡ଼
ବିଚରା.... କିଛି ନେଇଁ ଜାନୁଥିବା
ଦିନଗୁଲାର ହରଜଂଗା
ନିଂଦର ଖେତେ ଫିକି ଦେଇଥିବା ତାର ଜାଂଗରକେ ।

ଅଡ଼ିଆ ନେଇଁ ଚରା ନେଇଁ
ଆଁ'ଫାରୁ ସୁକବାସି
ଭଁଟାକେ ବାହାରି ପାରବାର ନେଇଁ କି
ଘରେ ରହି ପାରବାର ନେଇଁ
କାଠ ନେଇଁ କି ଭାତ ନେଇଁ

ହାଁଡ଼ିନେ ଥିବାର ଚଉଲ ସୁଲେକ...
ଧାରେନ ନୁ ଧାରଧାର ଝରିଥିବାର ପାଏନନୁ
ଦେଖଲା ବେଲକେ କୁହି ସାରିଥିବା-
କଲବଲୁ ଥିବା ଜିମନ...
ହଁ... ଇ କଥାକେ କେନତା ପାସରି ଦେମି
ହଁ, ହଁ, ଇ ବରଷାକେ ନେଇକରି କବିତା ଲେଖମି ।

ହେ'ଫାଲେ
ମେରକେଟୁର ଆଇ ସରଘଟ ସରଘଟ
ଢୁଲାଗୁଲାର ଛାତି ଧୁକପୁଚ ଧୁକପୁଚ
ମୁଡ଼ଦାର...
କେନତା ବୁହା ହେବା,
ପୁଡ଼ବା କି ନେଇଁ ପୁଡ଼ବା ।

ଚିଏରବେରହାଡି ଗୁଡୁପ
ଦରଲୋ ଦାରଲୋ ପେନ
ବିଗବାଗ ବିଜଲି
ଘୁଡୁଡୁ.....ଘୁଡ଼ ଘୁଡ଼ଘୁଡ଼ି
କୁନକୁନୁଛେ ପେଟ
କଁଠଲେଇ ନେଇଁ ହେବାର,
ଘରୁନ ବାହାରଲେ କାଦୋ
ବାଏରଫାଲକେ ଲଚରପଚର
କଁଟାଝୁଟା ଫଟାଟୁଟା କାଁଚ
ଲଟାବୁଟା କେତନିକେତେ
ଯେତେକରି ଏଁକ ଲିମଲେ ଲିମହି ନେଇଁ ହେବାର...
ହେ'ଦେ ଆରୁ ସହି ନେଇଁ ହେବାର ।

ହଁ, ଇ ବରଷା ଦିନକେ ପାସରି କାହିଁ ହେବା ?
ହଁ, ଇ ବରଷାକେ ନେଇକରି କବିତା ଲେଖମି ।

ଢସକଲି ଯଉଥିବାର ମାଟିର କାଁଥି
ଭସକଲି ଯଉଥିବାର ଭରସା....
ଗୁଟେ ଧରସା ।

ହଁ, ହଁ ଇ ସବୁକେ ଦେଖମି
କାଳିଦାସ କାଣା ଦେଖଲେ
ଜଗନ୍ନାଥ କେଁ ବେ'ଲେ
ଭଂଜ କବି କେନତା ଲେଖଲେ
କବି ହଲଧର କେଁ କହେଲେ....
ହେ'ଟା କେନତା ଜାନମି ?
ମୋର ଆଁଖିନେ ଯେନ୍ ଟା ଦେଖନି ହେ'ଟା ସନେ(ସିନା) ଲେଖମି !

ହଁ, ମୁଇଁ କବିତା ଲେଖମି
ହଁ, ବରଷାକେ ନେଇକରି କବିତା ଲେଖମି ।

କବିତା ଇ' ନୁଏଁଦ୍‌କେ ହେତେଇକରି

ପେ'ନ ସୁକିଗଲା ବଲି କେଁ
ନୁଏଁଦକେ ନୁଏଁଦ ନେଇଁ ବଲମି ?

ଇ ନୁଏଁଦନେ ତୋ
ଡେହେଁକି ଡେହେଁକି ଗାଧିଛେଁ
ଡବଲି ଡବଲି ମଜା ନେଇଛେଁ

ଏ'ଜ ବେ'ଲ ଖାଲି ସୁକା ବେ'ଲ ବଲି
କେଁଜେ ନିଂଦା କରମି ?

ଇ' ବେ'ଲନେ ତ ବନେଇ ବନେଇ ଖେଲିଛେଁ
କେତନିକେତେ ମୁରତି... କେତନିକେତେ ଘର
କେତନିକେତେ ମଂଦିର... କେତନିକେତେ ସପନା।

ହଁ.... ପେ'ନକେ ଅଁଟେଇ ଦେଇଛେ ଖରା
ସୁକେଇ ଦେଇଛେ ସବୁ

ମୋର ଦେହେ ପଜରେଇ ଦେଇଛେ ପେ'ନ
ଇ ଖରା ଏକା
ଇ ଖରା
ମୋର ଦେହେ ପେ'ନ ପଜରେଇ ଦଉଛେ ମାତର
ନୁଏଂଦକେ ସୁକେଇ ପକେଇଛେ
ବଡ଼ା ରକମିଆଁ ଖରା ।

ଇ ନୁଏଂଦକେ କେଁଜେ ନିଂଦା କରମି?
ଇ ନୁଏଂଦନେ ତୋ ବୁଏଡ ଏ'ସି
ଧୁଇନେସି ଯେତେ ସବୁ କଁଚରାକେ

ଇ ନୁଏଂଦର ନିରମଲ ପେ'ନ ତୋ
ପରଛଲ କରି ଧୁଇନେସି
ଗାଗର ଆରୁ ମନକେ ।

ହଁ, ଇ ନୁଏଂଦକେ ନିଂଦା ନେଇଁ କରିପାରେଁ ମୁଇଁ
ବିଲାକାସ ନେଇଁ

ଇ ନୁଏଂଦ ତୋ ବନେଇଛେ ସର ତାର ତରାତରା
ଯେନ ସରମନଥି ଖରାମାସେ ବି ହାତିବୁଡ଼ା ପେ'ନ
ହତାଚାପର ପେ'ନ
ଏଭେ ଇ ସରପାଟି ହେଇଗଲା ବଲି କେଁଜେ ପାସରି ଜିମି
କି ଜଗଲ ମାଡ଼ିଗଲା ବଲି କେଁଜେ ନିଂଦି ବସମି ?

ଇ ନୁଏଂଦକେ ବାନ୍ଧି ଦିଆଗଲା
ତାର ପେ'ନକେ ଅଲଗା ଫାଲକେ ବଲାଗଲା
ତାର ଅସଲ ପାହାଁକେ ଛନ୍ଦି ଦିଆଗଲା
ତାର ଗୁଡ଼ର ପାଂଜୁଲକେ ଛିଡ଼େଇ ନିଆଗଲା
ଏ'ଜ କେଁଜେ କହେମି ବିନସୁନ୍ଦରି ବଲି ?

ହଁ, ପେ'ନ ନେଇଁ ବଲିକରି
କେଁଜେ ଇ ନୁଏଂଦକେ ନୁଏଂଦ ନେଇଁ ବଲମି ?

ଏ'ଜ ପାହାଁକେ ଜଲେଇ ଦଉଥିଲେ ବି ତାର ବେ'ଲ
ଏ'ଜ ତାର ଝିଲମିଲ ଦେଖଉଥିଲେ ବି ପାନିର ମାୟା
ଜାନିଛେଁ ତାର ପେ'ନ
ମୋର ହୁରୁଦର ପରାନ

ହଁ, ଇ ନୁଏଂଦକେ କେଁଜେ ନୁଏଂଦ ନେଇଁ ବଲମି ?

ବୃନ୍ଦାବନ ପ୍ରଧାନ

ସୁରତା

ବରଫ ପାହାଡ଼ଥିଁ ବୁଲାବାରଟା ତମକୁ
ସଥେ ଧନ ଭୁଲ ହଇଗଲା
ପହଲଗାଁର ଆମର ଇ ଘଟନା
ସମକିରର ସୁରତା ହଇ ରହିଗଲା ।

କେଡେ ଉସତମନେ ଖରାମାସେଁ
ସଭେ ବୁଲି ଯାଇଥିଲେ
ଧୋବ ଝିର ଝିର ଚାଦର ଟା
ଲାଲ ହଁଇଯିବା ବଲିଁ କିହେ ଭାବି ନେ ଥିଲେ ।

ତମର ଆଉ ମୋର ସପନ ଟା
ସଥେ ଅଧା ହଁଇ ରହିଗଲା
ଜଗତ ଯାକର ମୁନୁଷ ଲାଗିଁ
ଇ କଥା ସୁରତା ହଇଁଗଲା ।

ସମିଆର ଚକା ଏତେ ଜଲଦି
ଧନ କିଦିରିଯିବା ବଲି ଭାବିନିଥିଲିଁ
ମନର କଥା ସବୁ ତମକୁ କହେବାର ଆଘୋନୁ
ସଥେ ତ ସରିଯାଇଥିଲି ।

ଆଏଜ ସୁରତା ଧାରେ ଆମେ ରହିଗଁଲା
ଜୀବନର ଡଙ୍ଗା ଆମର ଘାଏକେଁ ଭାଙ୍ଗିଗଲା ।

ଟିକ ଚହଁରା

ତୁଇଁ ଲୁକତେଲ ଯାଉଥିଲୁ
ମୁଇଁ ତୋର ପଛେଁ ପଛେଁ
ତତେ ଖୁଜତେଲ ଯାଉଥିଲିଁ
ତମର ଢବାଘର ନୁଁ
ଆମର ବେସ ତକ ।

ତେହିର ଲାଗିଁ କେତେ କଥା
କେତେ ଗାଲି ଝଗର
ମୋର ଲାଗିଁ ତୁଇଁ ଶୁନିଛୁ
ତୋର ଲାଗିଁ ମୁଇଁ
ଫେର ବି ଟିକ ଚହଁରା ଖେଲ
ନାଇଁ ପାସରିଁ ପଢି ଆସଲା ଉତାରୁ
ସିଲଟ ମୁନା ପକେଇ କରି
ପହଁଚି ଯାଉଥିଲୁ ଆମର ଘର ତକ
ଆଉ ମୁଇଁ ତମର ଘର ତକ ।

ସେ ମଚାତଲ ଟାଏଟ କୁନ
ସବୁ ହଜିଯାଇଛେ ସତ
ତୁଇଁ ବି ମୋ ସାଗେଁ ଟିକ ଚହଁରା
ଖେଲୁଛୁ ହେ କଥା ଆଏ ସତ
ଇନଷ୍ଟା ନୁ ଖୁଜିଖୁଜି ନୁରିବସୁଛେ
ତତେ ମୁଇଁ ଫେସବୁକ ତକ ।

ଭକ୍ତ ଚରଣ ସୁନାନୀ

ଭୋକ

ସବୁଦିନ ଭୋକ ମାରସି
ପେଟକେ ଡବକେଇକରି ଶୁଖଲା ହାଣିନେ
ଅଭାବର ଚୂଇଲ ନେ
ଜଲିଜଲି ମରବାଟା ରକ ସାର ଯାଏସି
ଦିନ ରେତ ବିକଲ ନେ
ମାତର କିଏ ବୁଝସି
ଭେକଲା ଜୀମଁନର ପେଟ ତଲର ଜଲା
ଭୋକ କିଲିବିଲି
ଭଂଗା ମାଏଟ କୁରିଆନେ ।

ପୁଏଲ ଡୁମା

ଖରା, ପାଏନ, କାଁକର ନେ କାମ କରିକରି
ଗନିହେଲାନା ମୋର ହାଡ ପଂଜରା
ଖାଲି ଛାତିନେ ପବନ ଟିକେ
ଯା ଆସ କରୁଛେ ଯେ ଭାବୁଚ ଜୀମଁନ ଅଛେ
ମୁଇଁ ତୋ କେବେ ଠାନୁନ ମରିଗଲିନା
ଜୀମଁନ ଥାଇ କରି
ଦୁଃଖ ନେ
କଷ୍ଟନେ
ଭୋକ ନେ ଜଲିଜଲି
ଖାଲି ଠିଆ ହେଇଛେ
ପୁଏଲ ଡୁମା ପରା ଏକଲା
ଅରଦା ଭଁଟାନେ ।

ଭୋଲାରାମ କୁମ୍ଭାର

ଇଟା କେନତା ହେଲା

ଇହାଦେ ଭି ତୁମର ଦେଲା ଚିଠି
ଧୁଆଁ ହେଇଛେ ।
ମନର କାଗଜେ ସଫା ଲେଖି ଦେଇଥିଲ
ଖୁଲା ମନେ,
ଲାଜେ ନାଇଁ ମରି ବଲି କାଏନୁଁ
କହିପାରଲ ହେଡେ ଟେ କଥା
ଆଇ ମିସ ୟୁ ପ୍ରତୀକ ।

ତମେ ଉଁଆସ ରାତିର ଉକିଆ ଜନ
ଷ୍ଟୁ'ଲ ଫଗୁନର ଉଦଲା ପନ
ମୁଁଇ ସରାବନର ଝର୍କେର ହେଇ
ଦରଲି ଦେମି...
ଭିଜେଇ ଦେମି...
ହୁ ହୁ ହେଇ ଜଲୁଥିବାର ଜଉବନର ଲହଡ଼ା ଭାଙ୍ଗିଯିବା
ତନ ମନ ଗୁଟେ ହେବା ।

ତମେ ଥିବ ଆର ମୁଇଁ ଥିମି
ଆର କିଏ ନାଇଁ ଥିବେ,
ଖୁଲା ଆକାଶ ତଲେ ବନେଇ ନେମା
ଗୁଟେ ଗଖା ତାଜ ମହଲ
ନା ଥିବା ଜାଏତ ପାଏତ
ହିଂସା ଅହଁକାର ଛନ କପଟ
ଇତିହାସ ଟେ ଲେଖି ହେଇଯାଏତା ।

୯୪ କୋସଲ ବାହିର ଯୁଆନ ସୋର୍

ଧରଣୀ ପୁରଥି ପାଏନ ପବନ୍
ସାକ୍ଷି ରହିଥିତେ
ତମେ ମୋର ହେତ
ମୁଁଇ ତମର ହେତି,
କହେତେ.... ?
ଇଟା କେନତା ହେଲା
ଫୁଲ ସାଙ୍ଗେ ଭଅଁରର ଜୁଟଲା
କେନ ଜନମର ପ୍ରେମ ଥିଲା
ଇଟା କେନ୍ତା ହେଲା...
ହଁ ହଁ ଇଟା କେନ୍ତା ହେଲା ।

ତୁଇ ଆଇଥିଲୁ

ଆଇଥିଲୁ ତୁଇ ଫଗୁନେ
କୁଇଲିର କୁହୁ କୁହୁ ସୁରେ
ଫଗୁନର ଆମ ବଉଲେ
ହୁର ହୁରିଆ ଧୁକାର କହରେ
କେନ୍ତା ଚାଲିଗଲୁ
ମୋର ମୁହେଁ କଲା ଲେପି
ଆଇଥିଲୁ ତୁଇ ଶରାବନର
ଝରି ଝଁକେର ଥି
ମୋର ମନର ବନ୍ଧ ପୁରତୁନୁ କରି
ଭାଙ୍ଗି ଦେଲୁ
ଉହୁଲି ଯିବାର ଲାଗି
ଆଇଥିଲୁ ତୁଇ ମୋର ଜୀବନେ
ମୋର ଆଁଖିର ପାଏଁନ
ଝରନା ଏନ୍ତା ଝରବାର ଲାଗି

ତୁଇ କାଣା ସତେ ଆଇଥିଲୁ
ମୋର ଜୀବନେ
ଅଲଗା କାହାର ହାତ ଧରି
ଚାଲିଯିବାର ଲାଗି
ଆଇଥିଲୁ ତୁଇ ମୋର ସପନେ
ମୋର ମନର ରାନୀ ହେଇ
ତୁଇ ରାନୀ ମୁଇ ରଜା
ବୁଲୁଥିଲା ରାଜ ମହଲେ
ଝୁଲେଇ ହେଇ ତଲେ ପଡ଼ି ଗଲୁ
ଭାଙ୍ଗିଗଲା ଝୁମରା ଇନେ

ମହେଶ୍ୱର ପ୍ରଧାନ

କେଢେ ଭେଟଲେ କହେବ

ଦୁଆଁଛିଡାନୁ ନରଦୁଥିବାର
ସମିଆଁର ଧାରେ
ବୁହିଯିବାର ହରେକ କୁସିସ
ଯେଭେ ଫେଲ ମାରୁଥିବା
ତେଭେ କେନ୍ତା କରିହେବା ?

ପଦମ ଫୁଲ ପେକ ପେକ ବନ୍ଧେ
ଚାଁପ ଚାଁପ ବୁଡୁଥିବ
କାଲିଦାସ ଲେଖେଁ ସାବୁତ ହେବାରକେ,
ହେଲେ, ନାଇଁ ମାଜି ପାରୁଥିବ ନିଜକେ
ନାଇଁ ବଦଲି ପାରୁଥିବା ଆଘୋର ଦଶା
ରଁଚେ ଭି ।

ତମର ଅବଗେଇ ତମ
ଭାବନାଥି ଗୁରହେଇ ହେଇ
ଲମୁଥିବା ରାଏତ,
ଲହଁପି ଆଉଥିବା ସକାଲ ।

ଖାଲି ମନେ ମନେ ହେତେଇ
ହେସି କାଏଁନ
କିଛି କରିହେସି ଭାଏଲ ?

କେଭେ ମତେ ଭେଟଲେ
କହେବ-
ତମେ ଭି ମୋର ଲେଖେଁ
ଫିରି ଯାଏସ କାଏଁ
ବିତଲା ସମିଆର ଧାରକେ ?

ତମର ଲାଗି କବିତା

ତମେ ପଚରାସ -
'ମତେ ସୋର କରସ' ?
ମତେ ସୋର ପଡସି
ବନଘାଟର ତମର ଗୋଡରେଁଥା ପଥରନୁ
ତମର ଲାଷ୍ଟ ମେସେଜ ତକ;
ମୋର ହେତୁ ହେଲା ଦିନୁଁ
ତମେ ପିନ୍ଧୁଥିବାର ଫି' ଡ୍ରେସ ପତର,
କାନଫୁଲ, ନଥ, ପାଏଁଝୋଲ, ହରେକ ଚିଜ
ଛାଇ ଯାଏସି ମୋର ଆଏଁଖ ଭଏର ।

ତମେ କହେସ
'ମୁଇଁ ନାଇଁ ଥିଲେ ହିଁ ତମେ ଖୁସ ଥିସ
ମୁଇଁ ଏକା ଦୁଖ ଦେସି ତମକୁ
ମୁଇଁ ଝୁନି ହେସି
ଧୁକାଗଡି ବେଲର ଆମଗଛ ଲେଖେଁ,
ଲାଗସି ଯେନ୍ତା -
ମୋ ଟଁଟି ଚିପିଛନ ଦୁନିଆର ସବୁ ରୋଗବାକ ।

ଛେଦେ, ସବୁଥର ମେତାର
'ମୋର କଲକେ ନାଇଁ ଟାଖବ';
ମୁଇଁ ଛେଲିଆ ପାହାଡ଼ ବାଗିର
ଡିଡି ହେଇ ନୁରୁଥିସି ତମକୁ ।

ଯେଭେ କହେସ
ଡିସନେରୀର ସବୁନୁ ଖତରନାକ ଶବ୍ଦ-
'ରଖୁଛେଁ'
ସେବେଲୁଁ ଫି ଘଡ଼ି
ଫାଲଫାଲ ଚିରିହେସି ମୋର ଛାତି ।

କେଭେ ମୋର କବିତାମାନକେ ପଢ଼ଲେ,
ଜାନତ -
ମୋର ଗୁଟ ଗୁଟ ଲେଖା ସାକ୍ଷୀ ଆଏ
ମୁଇଁ ମରିଥିବାର ସମିଆଁମାନକର,
ଆର ମୋର ଫି' କବିତାର ଫି' ଶବଦ
ଆଁଖିଲ ବୁନ୍ଦା ଆଏ
ଯେନଟା ମୁଇଁ କେଭେ କାନ୍ଦି ନାଇଁ ପାରି ।

ମାନସ ଷଡ଼ଙ୍ଗୀ

ଉପାସୀର ପିଠିଁ ଖରା

ବେଲଉଦା ନୁ ବେଲବୁଡ଼ା
ବାଟଦୁଆରର ପିଁଢ଼ା
ଉପାସୀ ଆର ଖରା ।

ଯାବତ ଜୀବନ
ଶୁଇନକେ ଝିଁଟିଝିଁଟି ସୁରଷୋ ଫୁଲ
ସେ ଉପାସୀ ଆଏଜ ଚାଲିଗଲା
ପଛାଡେଁ ରହିଗଲା
ଫି ଦିନ ତାର
ପିଢ଼ାଁ ଉପରେ ପଡୁଥିବାର ଖରା ।
କେଡ଼େ ସୁଖ୍ ପାଉଥିଲା ସେ
ଇ' ଖରାକେ
କେତେବେଲେଁ ଉଂଜଲା କରି
ଛାତିଥିଁ ଜାଁକି

ମାଖି ଆନୁଥିଲା ଦିହି ସରସର,
କେତେବେଲେଁ ଉଂଜଲେ ଖରାକେ
କୁଲେଁ ବସେଇ
କହୁଥିଲା ଭଲମନ୍ଦ ଦୁଖର ସୁଖର ।

ସକାଲ ପାହେତେ
ପିଠଫାଲିଆ ଖରା ଥିଁ ବସି

ମନ ବୃନ୍ଦାବନ ଦିଶୁଥିଲା ତା'କେ
ଦିହିଟାକେ ଝାରି ସଁଖଲି
ପଖଲେଇ ଆନୁଥିଲା ଦୁଇପହରେଁ
ଖରାର ତେଜ ପରଖି
ହଁସୁଥିଲା ମୁଲୁର ମୁଲୁର
ହେଲେଁ ନିର୍ବିକାର ହେଇ
ଆଏଁଖ ପକଉଥିଲା ଆକାଶ ପଟେ ।

ଡେଙ୍ଗପୁରସିଆ ଛାଏଁର ଉହାଡେଁ ମୁହୁଁ ଲୁକେଇ
ଲାଜେଁ ବି ହେଇ ଜାନୁଥିଲା ଉପାସୀ
ଯେଭେଁ ତିହାରେଁ ବାହାରେଁ
ଉଶାସ ମନକେ ସୁଆଁଲି ଆନି
ଲଲହାଝୁଲା ବାଗିର
ପିଠାପନା ଥିଁ ଦକ କରୁଥିଲା ଖରା
ଆର ଫେର ଯେଭେଁ
ରସରସିଆ ଖରା
ରସରକେଲି ନାଚୁଥିଲା
କାହାର ବିହାବରପନେଁ
ପାହେଁ ପାଦଛନ୍ଦି, ଶିରେଁ ପାଗବାନ୍ଧି ।

ଉପାସୀର ପିଠିଁ
ଆଏଜ ଖରା ନାଇଁ ତରା ନାଇଁ ।

ଉଜଲ ଉଜଲ : ଅଂଧାର ଅଂଧାର

ଉଜଲର ହାତେଁ
ବାରହାତର ଖଁଡ଼ା

ଅଂଧାରର ହାତେଁ
ମାଏଝିଘାଟର ପଦମଫୁଲ ।

ଅଂଧାର ଖୋବ ଅଏନ ଦିଶସି
ଯେଭେଁ ଉଜଲ
ତାରାର ମାଲ ପିନ୍ଧାସି
ତାର ବେକେଁ
ନାକେଁ ନଥ ବସାସି
ଆର ଦୁହି ଭୁଲତାର ମଝିଁ
ଖଂଜିଦେସି ଟିକଲିଟେ ।
ଅଂଧାର ତ' ଉଜଲର ଛାଏଁ
କେଭେଁ କବାଟ କୁନେ
କେଭେଁ ଡଙ୍ଗର ତଲେଁ
କେଭେଁ ଶୁନଶାନ ବସ୍ତିର ଶେଷ ଆଡ଼କେ
ଲଟକିଥିସି କେନ ନାଇଁ କେନ ।

ସମିଆଁ ଅବତରିଆ
କେଭେଁ କେଭେଁ
ଇନତା ବି' ହେସି
ଉଜଲର ଛାତିଁ ପାଦ ଥାପି
ଛମଛମ ନାଚସି
କାଲି କରାଲି ଅଂଧାର;
ସମିଆ ଜାନି
ଅଂଧାରର ଛାତିଁ ବି'
ତିରଶୁଲ ଭୁସିଦେସି ଉଜଲ ।

ଦିନାକେତେ ଘୁରି ବୁଲସନ
ଯେ ଯାହାର ବାଟେଁ
କେତେ କେତେ ଯୁଦ୍ଧ ଶାନ୍ତି
କେତେ କେତେ ଆପଦ ବିପଦ ଭିତରେଁ
କରମାଫୁଲର କହଁର ବାରି ବାରି
ଦିନେ ଅଂଧାରମୁହାଁ ହେସି ଉଜଲ
କାହିଁ କେନ କାଲୁଁ ଭୁକାଶୁଷା
ସପୋ ସପୋ ପଖାଲ ଦୁଇ ଗରସା ଖାଇ
ପିଇ ପକାସି ଥିର ଟିକେ ।
ଇଆଡ଼େଁ ଯେ – ଉଜଲପଖେଁ
ଗୁଟେ ହାତେଁ
ଅମୃତମୟୀ କିରନ ଋକୁଥୁଲା ବେଲକେ
ଗୁଟେ ହାତେଁ
ପନଖି ପଜଉଥୁସି ଅଂଧାର ।

ମାନିନୀ ମେହେର

ଅଛରେ କବିତା

ମନର କୁଁଠିସାଲେ...
ସଜେଇ ରଖିଛେ,
ଘି, ସଏଲତା,
ଭାବର ନଡ଼ିଆ, ଜୁଗାର,
ଶରଧାର ମନ୍ଦାର ମାଲ,
ଉଞ୍ଚଲା ଉଞ୍ଚଲା ଫୁଲ,
ମଗମଗାଲା ଧୂପ,
ଆର ଅଗସି ଭୋଗ ରାଗ,
ତୁଇ ଆଏବୁ ବଲି...

କେଭେ କେଭେ...
ଧୁଙ୍ଗିଆ ଦିଶସି
ସପନର ତାଜମହଲ,
ଅନ୍ଧାର ଲାଗସି ପୁନିଜନ,
ରଚରାଚ ଭାଙ୍ଗୁଥିବାର ମନ,
ଡିଆଁ ଲାଗଲା ବିଶ୍ୱାସ ର
ଡାହିପଖରା କେ,
କେନ ଭରସି ହେସି ଯେ !

ହେଲେ..
ତୁଇ ଥିଲେ
ଦୁଖର ଗୀତ ବି...
ଖୁବ ମିଠା ଗା !

କୁଇଲି ର ସୁର ଲେଖେ,
ତାର ଭାବ, ରାଗ ବି ବୁହି ଯାଏସି
ଝରନ ବାଗିର...

ଆ'... ବୁନିନେମା,
ମୁଠା ମୁଠା ଶବଦ,
ବୁନ୍ଦା ବୁନ୍ଦା ଭାବନା,
ନୁଆଁ ନୁଆଁ ଠାସ, ଠାନି ନ
ଯେନ ଠାନେ ପାଆଁଲିବା
ଶାଗରସିଆ ଲୁଭଲୁଭାନି,
କବିତା ମାନେ...

ପୁଡଲା ସପନ

ଚୁଏଲ ଉପରର ଭାତ ହାଁଣି ର,
ଚାଉଲ ବାଗିର ଡବ ଡବ ଫୁଟୁଛେ,
ମୋର ଛାତି ତଲର ସବୁ ଦୁଖ ଦରଦ...
କିଏ ବୁଝିଛେ ଯେ!
ମୁଇଁ କାହାକେ କହେମି
ନିଜେ ମସରି ମସରି ସିଝି ସିଝି
କାହାର ଭୋକ ମେଟାବାର ଟା
କାଣା ଏତେ ସହଜ କଥା...

କେଭେ କେଭେ...
ନିଜର ପେଟ ଲାଗି
କୁଟୁମ ର ସୁଖ ଲାଗି

ହଁସି ହଁସି କରବା କେ ପଡସି
ନିଜକେ ନାଇଁ ସୁହାଲା କାମ ମାନେ

ଜୀବନର ଇ ସୁଖ ଦୁଖ ଭିତରେ,
ଫରକ ଏତକି ନ...
ଭିଟାମାଟି ସପନ ଦେଖାସି
ଇଟାଭାଟି ସବୁ ସପନ ମାନକୁ
ଜଲେଇ ପୁଡ଼େଇ ଖାର କରି ନେସି

ଇହାଦେ ତ ସର୍ଦାର...
ସବୁ ଟଙ୍ଗା ଦେଇ ସାରଲା ନ,
ବୁଆ ର କରଜ ସୁଝା ସରଲା ନ,
ଝାଁଟି ମାଟି ର ଘର ପକ୍କା ହେଲା ନ,
ବାହାଲ ଡୁଲି ବି ମୁକଲି ଆଏଲା ନ....

ହେଲେ....
ମୁଇଁ କେନ ପାସରି ପାରୁଛେ ଯେ
ହେ ଇଟାଭାଟି ର ବେରଙ୍ଗିଆ ସଖାଲ କେ,
ଯେନ ଭାଟି ନ କୁଁହୁଲି କୁଁହୁଲି ଜଳି ଯେଇଛେ
ମୋର ସୁନାର ସପନ
କୁଆଁରୀ ମନ... ।

ମୁରଲୀ ଶିକା

ଉଜେର

ଏତେ ହୁଆହୁଟା କନ୍ଦାବୁବା କାଏଁକରି
ଗଛ ପତର ଡଙ୍ଗର କାନ୍ଦୁଛନ
କାନ୍ଦୁଛେ ନ କରୁଆଁ ଡଙ୍ଗର
ସବୁଫାଲ ଆଖଲ ମଏ ।

ମୁଇଁ ଭି କାନ୍ଦୁଛେ ତୁଇଁ ଭି କାନ୍ଦୁଛୁ
ଦେଖତେ ଦେଖତେ ମାଡି ଆଉଛେ ବିପଦ
ଉଜେର ହେଉଛେ ମାଏଟ
ଦଲାଲ, ମୁଖାପିନ୍ଧା ହାତେ ମୁଲଚୁଲ
ଶୁଭୁଛେ ଘିନାବିକା ଡକରା
ବଏନା ଛିନ ମାଏଟ ଦିଅ ।

ଦେଖ ତ ପୁତା
ଖୁଟ କାଟି ଗୁଡା ବାନ୍ଧିଛୁଁ
ସଂସାର ଦେଖିଛୁ...
ଗଢିଛୁ, ମାଏଟ ମହୁଲର ସଭ୍ୟତା ଟେ,
ଏହେଦେ ଡସକେଇ ଦେବେ ଭୁବରା
ବୁହିନେବେ ଲୁଦର ବାଟେ
କେନ୍ଦୁ ଖାଇ ଦେଖାବେ ଖୁଲପି
ହେ ବାଗଧରେ ହିଟେଇ ନେବେ ବାପ ଦାଦି ତୁମାକେ
ଚହଲିଆ ନ ଚହଲି କରୁଆକେ ଫଟାବେ ।

ନାଇଁ ହେଇପାରେ...
ତରକି ଥା ପୁତା ?
ହାତ ସମି ସମି କୁହୁନି ସମାବେ
ଚରି ଖାଏବେ ସୁନା ଖେତ, ଭୁସଲି ଯିବା ଗୁଟା ଘର
ହୁସିଆର ହଁ... ହାରି ନାଇଁ ପଡ...ଅଁଟା ଭିଡ଼...
ମୋର ମାଏଟ ମହୁଲ ଉଜେର
କରି ନାଇଁ ଦେ ପୁତା ।

ଉଜେର ହେଲେ ଗଲା
ବଅଁଣି ଜିବା ତୋର ମୋର ଭାବ
ଟୁଟକି ଯିବା ଜୀବନ ଧାର
ଗୁଟା ପୁରଥି ଉଲଟି ଯିବା
ତୁଇ ଥିବୁ କାହିଁ ମୁଇଁ ଯିମି କାହି
ଛିଡିଯିବା ହଜାର ବଛର ନାତା ।

ଚେତିଥା ପୁତା
ଉଜେର କରି ନାଇ ଦେ ମାଏଟ ମହୁଲ ।

ଇ'ନ ଗାଁଟେ ଥିଲା

ଇ'ନ ଗାଁଟେ ଥିଲା;
ଗାଆଁ ତ, ନାଇଁ ମା ଟେ ଥିଲା
ମାଆଁର ମହକ ଉଛୁଲୁ ଥିଲା ।

ମାଏଟ ସାଂଗେ ମାଏନ ଥିଲା
କାହୁଁ ଆଦିମ କାଲୁ ଖୁଟକାଟି ମୁନୁଷ ଗୁଡା ବାନ୍ଧିଥିଲା
ନଏଦ ଥିଲା, ନାଲ ଥିଲା ଖେତ ଭି ଥିଲା

ଝରନ, ଡଙ୍ଗର ସାଂଗେ ଜୀବନ ଜୀବିକା ଉପକୁ ଥିଲା
ଇ'ନ ଗାଁଟେ ଥିଲା... ।

ଗାଁଟେ ଥିଲା ସହର ତ ନାଇଁ ଥିଲା
ମାଏଟ ଘରେ ଚିତା କଟା ହେଇଥିଲା...
ଗୁମା ଥିଲା,
ନୁଆଁଖାଇ ପୁଷପୁନିଥି ଗୁଟା ଗାଁ ହଁସୁଥିଲା
କାଦୋ ଯାତ୍ରା ମାଡେନ ଯାତରା ଥିଲା
ଦୁତିଆ ଦଶମୀ ଥିଲା...
ହଲିଆ ଗୀତେ କଥା କହୁଥିଲା
ଇ'ନ ଗାଁ ଟେ ଥିଲା... ।

ହୁମୋ ଥିଲା
ବଉଲି ସଜନି ସଙ୍ଗାତ ଜାଇଫୁଲ ଥିଲା
ଝୁମେର, ଡାଲଖାଇ, ଗୁଁଡିଖାଇ ଥି ଚମକୁ ଥିଲା
ସମାରୁ ବବାର ଝଲିଆ ଗଞ୍ଜା ଥି ସଖାଲ ପାଉଥିଲା
କୁଲିହା ଗଗାଥି ବେଲ ବୁଡୁଥିଲା
ଇ'ନ ଗାଁଟେ ଥିଲା... ।

ଗଅଁତିଆ ବୁଢାର ହୁକୁମ ଥିଲା
ସତ ଶାନ୍ତି ମୈତ୍ରୀ ବାନା ଉଡୁଥିଲା
କୋଟ କଚେରି ମୁଗଦୁମା ନାଇଁ ଥିଲା
ଥିଲା ଭାବ ପ୍ରେମ ଆନନ୍ଦ, ସୁନା କୁକୁରା ଚାହେଁ ଉଡୁଥିଲା
ଇ'ନ ଗାଟେ ଥିଲା... ।

ବୁଢ଼ାରଜା ଥିଲା, ସମଲେଇ କୁଠିସାଲ ଥିଲା
ବୁକା, କୁକୁରା ରକତ ପିଉଥିଲା

ଚାଉଲ କୁଣ୍ଢେ, ଲୁଗା ଭୋଗେ ଅଙ୍ଗ ଦେଉଥିଲା
ଫଲୁଁଥିଲା କରନି କୁସନା ମହିପାଲ
ଭୋକ କାଣା ଯେ ଜନା ନାଇଁ ପଡୁଥିଲା
ଇ'ନ ଗାଟେ ଥିଲା... ।

ଥିଲା ଚୁଆଁ ଚହଲା
ନଲିଆ ଥିଲା, ଡଙ୍ଗର ଥିଲା
ଜୋର ଥିଲା, ନଦିର ପାଏନ ଛଲକୁ ଥିଲା
ଡେମ ତିଆରି ତ ନାଇଁ ଥିଲା
ଇ'ନ ଗାଁଟେ ଥିଲା... ।

ଆଦେ, ଦେଖତେ ଦେଖତ
ଡେମ ହେଲା
ସମକୁ ଖେଦି ଜୀବନ ରେଖା ନାଁ ପାଏଲା
ଗୁଟେ ସଭ୍ୟତା ମରିଗଲା
ଲିଭିଗଲା ଗାଆଁର ନକ୍ସନକ୍ସା
ଚାରିଫାଲେ ଜଲମୟେ ହେଲା
ଇ'ନ ଗାଁଟେ ଥିଲା.... ।

ମାତର
ସେ ନିରୀହ ସରଲ ନିରମାୟା ମାନକୁ
ଉଚିତ ଭରନା ନାଇଁ ମିଲଲା
ମନ ଭୁରତେଇ ଠକି ଦିଆ ଗଲା
କାଗଜ କଲମେ ସବୁ ପୁରନ ହେଲା
ଇଟା କେନତା ହେଲା...
ଇ'ନ ଗାଁଟେ ଥିଲା.... ।

ରମାକାନ୍ତ ନାଏକ

ଶବଦ

ତମେ ଟିକେ ଚୁପ ହେବ କାଏଁ
ବେକାରଥି ବକର ବକର ହଉଛ
ନକଲି କବିତାଥି
ନକଲି କବିତାର ଧାର
କେନଆଡେ ହୋ !
ଯେନତା କି ଦୁଆଁଛିଡା ଜୀବନର ।

ଆସ ରୁଇମା
ମୁନୁଷପନର ଡୁଲିଥି ଧାଡି ଧାଡି
ଜିଇଁଲା କବିତାର ପଲହା ।

ଆସ ସାଆଁଟିମା
ଲୋରୋଥୋରୋ ଶବଦମାନକେ
ଭୁଖାସୁଖାର ଆତମାର କରପନୁଁ ।

ଶବଦମାନକୁ ଠିଆଡ କରମା
ଗାଁ ଖୁଲିର ମଝି ଧରସାଥି
ଦମଦେମା ସେମାନକୁ
ଇ ଧରସା ପୁରାପୁରି ତାକର ଆଏ ।

ଶବଦମାନକୁ
ଗୁଟେ ଗୁଟେ ହତିଆର ଦେମା
ପିନପିନା ହତିଆର ଠାନୁ
ଗୁରଦୁ ପିନପିନା

ଯେନତା କି ସେମାନେ
ତାକର ଆଡକେ ଖେପି ଆସୁଥିବାର
ଦାଉସଦା ଶବଦ ମାନକର
ଛେଦିପାରବେ ଟଁଟିକେ ।
ଉଡ଼େଇ ପାରବେ
ନିଜର ଡିଙ୍ଗମରା ହାଡଥି
ନିଜର ବଡତି ବାନା ।

ଭୁଖା

ଆଏଁଖ ଦୁଇଟା ପାତାଳକେ
ଯିବାର ଲାଗି ଲୁହୁରଟୁପୁର
ପେଟ ମଝି ପିଠି
ବସବାର ଲାଗି ଜିଦ ଧରିଛେ
ପଞ୍ଜରା ହାଡମାନେ
ଗନିହେବାର ଲାଗି
ରେଁକୁଛନ ।

ତମେ କହ,
ଏନତା ସମିଆଥି
ମୁଇଁ କେନତେହି ଡେଗମିଁ
ଏତକି ଗଖା ବଏତକେ ?
ଅନ୍ଧାରେ ପାହା ଥାପି ଥାପି
କେନତେହି ଛିଇମିଁ ଉକିଆକେ ?

ମରି ମରି
କେନତେହି ଜିଇଁମି ଜୀବନଟେ
ଜୀବନ ଥିବାର ପତେ ।

ରମେଶ ବାରିକ

ଏକଲାପନ

ଲୋକର ଭିଡ ହୋହାଲାରୁ ଦୂରକେ ଗଲାପରେ
ଶୁନଶାନ, ନିଶବ, ନିରୋଲାଥି ମିଶିଗଲା ପରେ
ଏକଲାପନ ମତେ ଡରାସି
ଏକଲା ହେଲା ପରେ ।

ହଜିଯାଏସି ପୁନି ରାତିର ଜନ
ଆକାଶର ବାଦଲ ଖୁପାଥି
କଲା ବିଟବିଟ ଅନ୍ଧାର
ଆର ଗାଢ ଅନ୍ଧାର ଲାଗସି କଜଲ ଲେଖେ,
ଛାଏଁ ଛଏଁରାବି ସାଙ୍ଗ ଖୁଜୁଥିସନ
ଏକଲାପନ ଦୁର କରବାକେ ।

ଜବରନ କାନର କବାଟ ଭାଙ୍ଗି
ସମୁଥିସି ଝିଁଝିଁ ଶବଦ
ଠେଟ କରବାର ଲାଗି ମନର ଶାନ୍ତିକେ,
ଖାଲି ବଖରା ଆର ଖାଲି ଲାଗସି
ମନର ଶୁଖା କୁଆଁ ଥି ଡରମାନେ
ପହଁରୁ ଥିସନ ଝିମ ଝୁରି ଲେଖେ ରାତି ।

ଅନିଛା ସତେବି
ଅତିତ ଆର ଭବଷତର ଝରନାକେ
ଗୁଟେସାଙ୍ଗେ ଜୋଟ କରାସି

ମନର ତିରବେନି ସଙ୍ଗମ ଭିତରେ
ଭାବନାର ଜୁଆର ଭଟାମାନେ
ଉଠୁଥିସି ମନ ସମୁଦରର ମଝାମଝି
ଜୋଜନ ଜୋଜନ ।

ଅଧରାତି ପାଏଝଲର ଶବଦଥି
ଛାତି ଚଟ କରସି, ଘଡି କଟାର ଟିକଟିକ ଶବଦ
ବମୁରକଟା ଲେଖେ ଛାତି ଖୁପୁଥିସି ।
ଦୁଲକେ ପବନଥି ଭାଙ୍ଗୁଥିସି
ହୁରଦର କବାଟ କାଚଲେଖେ,
ଏକଲାପନ କୋର ଲେହେଟୁଥିସି ମୋର ସାଙ୍ଗେ
ସାରା ରାଏତ ଗୁଟେ ଖଟେ ।

ଭୋକ

ଚଘୁଥିସି ଚାଁଟି ହେଇ
ବିନମୁଡି ଦେଇ ଡଙ୍ଗରର ଟିପିକେ
ଜଲବାର ଲାଗି ଜଲାବାର ଲାଗି
ସୁଖାକଚା ଯାହା ପାଏଲେ ବାଟେ ଘାଟେ
ଗାଏର ଥୁତନାଥି ବାଘର ଥୁତନାଥି
ଚେରେ ଚିରଗୁନର ଥୁତନାଥି
ରପଟିଦେସି ମନ ଭରତେଲ
ପେଟ ପୁରତେଲ କିଏ ବଚବା ତାରନୁ
ସେ ଆଏଲେ ଛାଡସି ଭାଏଲ କାହାକେ
କେତେବେଲେ ଖେପିଦେବା ଅଜଗର ହେଇ
କାହାକେ ଜନା ତମକେବି ଡର ଅଛେ
ମତେବି ଡର ଅଛେ

ହେତିର ଲାଗିତ ରଖାହେଇଛେ
ଚୁଇଲ ମୁଡେ ବାସିଥିର ଫୁଟେ ସୁଖା ମୁରି ଦିରା
ସେତ ସବୁ ଦିନର ମେହମାନ
ଠୁଣ୍ଗୁ ଥିସି ବେଲାଯାନି ସମିଆ ଯାନି
ତମର ଘରକେ ମୋର ଘରକେ
ଶବଦଥି ନିଶବଦ, ଉଜାଲାଥି ଛାଇ
ରାତି ଅନ୍ଧାର ହେଇ ଜନମରୁ ମରନ ତକ
କୁଦଉଥିସି ସମିଆର ଲଗାମ ଛଡା ଘୁଡା ହେଇ
ସେତ ଆଜନ୍ମା ଶ୍ରାପିତ ଅଶ୍ୱଥାମା ଲେଖେ
ଯୁଗଯୁଗ ଧରି ଜିବ ମାନକର ନଶ୍ୱର ଶରୀର ଥି
ଖୁଜି ବୁଲୁଛେ ମୁକ୍ତିର ବାଟ ।

ରାଧେଶ୍ୟାମ ସାହୁ

ଚେରେରେ ! ଜୀବନର ଗୀତ ଗାଉଥିବୁ

ଗୁଲାମୁଲା ଅନ୍ଧା ପୁରଥୀନୁ
ଉଁକିଆ ପୁରଥୀନେ ପାହା ଥାପିଛୁ ଯେତେବେଲେଁ
ତତେ ଗାଏବାରକେ ଏକା ହେବା
ହୁରହୁରିଆ ପବନର ଦୁଲିଥିଁ
ଧୁକା ଗରେଲର ଚାପେନ ନ
ବରଷାର କଅଁଲି ଛିଆଁଥିଁ
ଶୀତର ଧାପେନ ନ
ଆମ ଲିମ କେନ୍ଦୁ ଭେଲୁଆଁ ଚାଖି
ଆଶ ବିଶୁଆସ ସପନ ଭରି
ଡେନା ମେଲୁଥିବୁ
ଚେରେରେ ! ଜୀବନର୍ ଗୀତ ଗାଉଥିବୁ ।

ଲୁଭନିଆ ଆକାଶ ହାତ ଠାରି ଡାକବା
ତରାମାନେ ଆଏଁଖ ମିଟମିଟ କରି ଠାରବେ
ଜନକେ ଗେଧରାଲା ମାଜା ବଲବେ
ହେମାନକର ପାଲେଁ ପଡବୁ ନାଇଁ !
ମାଏଟକେ ପୁଟଲାଲା ଗଛ
ନାଇଁ ଉଫଡ଼େ ଜାନିଥିବୁ
ଚେରେରେ ! ଜୀବନର ଗୀତ ଗାଉଥିବୁ ।

ହୁରୁଦକେ ଉସାସ ମାଏଟ କରବୁ
ହେ ମାଟିଁ ଭାବର ମୁଁଜି ଯେତକ
ଗଜରିସି ପିକାସି ଲସଲସାସି

ଖେପି ଯାଏସି ଡିରପଟ
ଜୀବନେ ଖାନି ମେଲୁଥିବୁ
ଚେରେରେ ! ଜୀବନର ଗୀତ ଗାଉଥିବୁ ।

ସମିଆଁର କରାମାଡେଁ
ଉଡଡି ହେଲେଁ ପଏଁକ
ମସକି ହେଲେଁ ଡେନା
ଦମ ହାରବୁ ନାଇଁ କି ଥକିବସି ଯିବୁ ନାଇଁ
ସାହାଁସର ପଏଁକ ଗଜରାବୁ
ସମିଆଁର ତାଲେଁ ତାଲେଁ
ଉଡ଼ାନ ଭରୁଥିବୁ
ଚେରେରେ ! ଜୀବନର ଗୀତ ଗାଉଥିବୁ ।

ବିରଙ୍ଗିଆ ସହର

ଦିଗର ମୁଡସା ନ
ଆକାଶ ଆର ଧରତୀର
ପୁଟଲାପୁଟଲି ଦୁରୁଶ
ସତ ନୁହେସେ ସଖୀ !

କୁଇଲିର ତାନ
ବିରହର ବି ହେଇପାରେ !
ଫଗୁନେ ଇ ଯେନ ସେମେଲ ଫଲସା
ଲାଲ ଜରଜର ହେଇ
ହଁସୁଛନ ନାଇଁ ବଲୁଛ !
ହେଇଥେଇପାରେ
କାନ୍ଦି କାନ୍ଦି ଆଁଖି ଲାଲ !

ଆକାଶକେ ଅଂଘାକରି ଧରିଥିବାର
ମୁନୁଷର ଛାତିନ ବି
ଥାଇପାରେ
ଲୁଦରେ ଶୁଇନପନ !
ବରଷାଥିଁ ବାହାଁ ମେଲେଇ
ଭିଜୁଥିବାର ମୁନୁଷର ଆଖୁଁ ବି ଲହ ଝରି
ମିଶି ଯାଉଥାଇପାରେ ବର୍ଷା ଥିଁ !
ସଖୀ! ଇ ଯେନ ଚିକମିକିଆ
ରଂଗୀନ ସହର ନାଇଁ ଦେଖୁଛ!
କାହାର ବିନା ହେଇପାରେ
ବିରଙ୍ଗିଆ ସହର!

ରାଜେଶ ଡଣ୍ଡସେନା

ଘାଟ

ବଁଧ ଟେ ଥିଲେ ଘାଟ ରହେସି
ଘାଟ ତ ବଁଧର ଶିରି
ଘାଟେ ହେଇଥିସି ପାଡଁଚ ସିଢ଼ି
ହେସି ଚଢ଼ି ଉତରି,
ଘାଟ ଟା ଗୁଟେ ଅସଲ ଠାନ
ସକାଲୁ ସଁଜ ଗହଗହ
ଇ ଘାଟୁ ପାଏନ ଗରିଆ ଧରି
ବୁହିସନ ଗାଁର ଝିଇ ବହ,
ଇ ଘାଟେ ଯେ ମଲା ହଜଲା
କରସନ ସଭେ ଦଶା
ଇ ଘାଟେ ଯେ କେତେ କେତେ ଲୁକର
ଚାଲିଥିସି କଁଦା ହଁସା,
ଇ ଘାଟେ ଯେ ରାଏଜର କଥା
ଗୁପତ କଥା ବି ପଡେ
ଇ ଘାଟେ କିଏ ଶୁଇ ପଡସି
ଝୁମରା ଲାଗଲେ ଘଡେ,
ଇ ଘାଟେ ଯେ ପ୍ରେମିକ ପ୍ରେମିକା
ହେସନ ଦେଖାଦୁଖି
ଘାଟ ଉପରୁ ଗାଁର ଛୁଆପିଲା
ଝମନୁ ହେସନ ଫିକି,
ଇ ଘାଟେ ଯେ ତେଲ ହଲଦି
ସାଗୁନ ସେମପୁ ମାଖସନ

ଜୁଆନ ପିଲେ ଯେ ଶିତ ଦିନିଆଁ
ଖରା ପଠେଇ ଥିସନ,
ଘାଟ ମୁହେଁ ଯେ ବର ପିପଲ
ଆର ତୁଲସି ଟଂଗରା
ଗାଧିକରି ଅଧେ ପୁଜା କରସନ
ଆର ମିଳସି ଛଏଁରା,
ଘାଟ ବୁପରା ସବୁ ଶୁନୁଛେ
ସବୁ ପାରୁଛେ ଦେଖି
ଉପକାର ସେ କରିଚାଲିଛେ
ହେଇକରି କୁନ୍ଦାସାଖି ।

ଜଂଗଲ ଆମର ଜିବନ

ଆଘୋ ଲାଗିଥିଲା ଗାଁ ତରୁ ଝାର
ଇହାଦେ ଘୁଚଲା କାହିଁ କାହିଁ
ପଶୁ ପଖି ଘର ସେନେ କରିଥିଲେ
ସଭେ ପଲେଇଗଲେ ଜାହିଁତାହିଁ,
ଗଛ ଖୁଟ ଆଘୋ କରୁଥିଲେ ପୁଜା
ଦେ ଦେବତାର ବଲି
ଇହାଦେ ଦେଖଲେ ଟଂଗିଆ ଧରି
ହାନି ବସୁଛୁଁ ଖାଲି,
ଗଛ ଦଉଥିଲା ଛାଏଁ ଛଏଁରା
ଗଛ ଦଉଥିଲା ଫଲ
ସେ ଫଲ ଖାଇ ଦିହେଁ ଭରୁଥିଲା
ଆମର ବଫୁ ବଲ,
ଆର ଦଉଥିଲା ଚେର ମୁଲ ଯେ
ବାଟି ପିଉଥିଲାଁ ଉଷୋ

ସବୁ ଜାଣିଛୁଁ ଫେର କାଟୁଛୁଁ
ଆମେ ଏତକି ବିଷୋ,
ଆର ଦଉଥିଲା ଫୁଲ ମହକନ
ଝାର ଯଉଥିଲା କହଁରି
ତାର ବାସ୍ନା ସୁଂଘଲା ଘଡି
ନାଇଁ ହେଉଥିଲା ଠଅଁରି,
ବାଏର କେ ଘୁରେନ ରୁଇ ଦଉଥିଲା
ବିହା କେ ମଡୋସାଲ
ଶୁଇବାର ଲାଗି ଖଟ ଦେଉଥିଲା
ଚୁଇଲ୍ ଲାଗି ଜାଲ୍,
ଟଂଗିଆ ରଫା ଗଏଁତି କୁଢେର
ଦେଉଥିଲା ଢେଁଟ କେତେ
ଯାର୍ ଯାଏଁଟା ଦରକାର ଥିଲା
ଆନୁଥିଲାଁ ହୋ ସେତେ ,
ଇହାଦେ ସେଟା ନାଇଁ ମିଲବାର୍
ବିକି ବସୁଛୁଁ କାଠ
ନିଜର ସ୍ୱାର୍ଥର ଲାଗି କାଟୁଛୁଁ
ଧରି ନିହେଲା ବାଟ,
ପେଟ ପୁଷବାର ଲାଗି ଆଗିଆଁ
କାଠ ନାଇଁ ବସ ବିକି
ଅଲଗା ଧନ୍ଦା କରି କୁଟୁମ ପୁଷିନିଅ
କେଭେ ନାଇଁ ହୁଅ ଦୁଖି,
ବରଷା ମାସେ ବି ତିରପଟ ଖରା
ହେଉଅଛେ ଗୁଲଗୁଲି
ଚିଲବିଲଉଛେ ଦିନ ରାଏତ ଯେ
ଦିହିଁ ଯଉଛେ ଜଲି,
କାହାକେ କହେମା କିଏ ଶୁନୁଛେ

କାର୍ କଥାକେ କହ
ସଭେ ତ ବସିଛୁଁ ଏସି କୁଲର୍ ତଲେ
ହେଇକରି ଗହଗହ,
ଘରୁ ଭଁଟାକେ ବାହାରି ଆଏଲେ
କରୁଛେ ଚଟ ଚଟ
ଝାଲେ ନାଲେ ଦିହିଁ ବୁଡରିକରି
କରୁଅଛେ ଲଟ ଲଟ,
ବଛରକ ଜଦି ଝନେ ଲେଖାନ
ଜଗାମା ଗୁଟେ ଗଛ
ତାଡି ନୁ ଆମେ ତ୍ରାହି ପାଏମା
ଚାଷେ ନାଇଁ ପଡ୍ତୁଁ ପଛ,
ଇହାଦେ ବି ଆଗିଆଁ ସମିଆଁ ଅଛେ
ସଭେ ହେଉଁ ହୁସିଆର
ଦୁଖ ସମିଆଁ ଆଏବାର ଆଘନୁ
ବୁହିଯାଉ ସୁଖର ଧାର,
ଗଛ ଆଏ ହୋ ଆମର ଜିବନ
ସଁସାଁର ହେଉ ଗଛ ମଏ
ନାହେଲେ ବିପଦ ବାଟ ଦେଖୁଛେ
ଇ କଥାଟା ଆଏ ତଏ,
ଇ ଗଛ ନୁ ଜଗତ ସାରା ହୋ
ପାଉଛୁଁ ପାଏନ ପବନ
ପାଏନ ବରଷିଲେ ଚଷା ବି ଜିଇଁବା
ଉଷତେ ନାଚବା ମନ,
ଆମେ ସଭେ ମିଶି ଆସ ହଁସି ଖୁସି
ଜଗେଇ କରମା ଜତନ
ବାକି ସବୁ ପଛ ଜଗେଇ ଦେଉଁ ଗଛ
ଗଛ ଆଏ ପରେ ରତନ ।।

ରାଜେଶ ପୂଝାରୀ

ହେତାବ ମତେ

ଯେଉଁ ଯେଉଁ ଭୁଲମି କହେବ
ସୁରତାର ଗରେଲଥି
କୁବକୁବେଇ ଯିବ
ହେତାବ, ଅବେଶ ହେତାବ ମତେ ।

ହୁରଦର ବଂଧଲି
ଭରନ ଭରନ ଦୁଖମନାଥି ଯିବା ଉଛଲି
ଛଟପଟାବ, ଝୁଁଟାବ ଥରଥର
ପାଲଟିଦେବାକେ ଚାହେଁବ ସିନେ
ଫେର ପିଂଧି ପକାବ
ଗୁମନାମ ଗୁମାନ ଯେତେ ।

ଆର ସେଥିର ଭିତରେ
ଧୁରକୁଟ ଗାଏଲ ହେବ ନିଜର ସାଂଗେ
ଏଛେନ ଆର ସେତକିବେଲର
ଫରକ କା'ଣା ବଲି
ପଚରେଇ ବୁଲବ କେତେ ।

ମୁଇଁ ଧାରେ ସାବୁତ ଜୀବନ ହେଇ
ନିଝରି ଆସମି ଫି' ଘଡ଼ି
ଅନାଦି କାଲର ଶୋଷମାନକୁ
ବଉଲି ଗୀତର ସୁରେ
ତୁରା ଧରବାର ପତେ ।

ଖାର କରିଦିଅନ ଯେ ମଉନପନେ
ଶବଦ ବୁଜବୁଜି ହେମି,
ମୋର ଆକୁଲବିକୁଲ ଦହନେ
ତୁମକୁ ଯଦି
ମିଲବା ଗୁଟେ ମନଚାହାଁ ଆକାଶ
ମୋର ଦେହେକେ
ଥରଥର ମରନକେ ସଁପି
ତୁମର ନିକେ ଅମରି ଆସମି ସତେ ।

ସଁକରି ନାଇଁ ଯିବ ରାଏତବିକାଲେଁ
କାହାରିର ନଜର ଛିଇଁ ନାଇଁପାରେ ତୁମକୁ
ଯାହିଁ ଦେଖବ
ପାଏବ ମତେ ହିଁ ମତେ ।

ଏକଲାର ବେଲାଉଦା

ତୁମେ ଫି' ଥର ଚିତରି ଦେସ
ଏନତା ବେଲଉଦାଟେ
ସୂରଜର କିରନ ଏକଦମ ଧୂଂଦିଆ
ଯେନ କିଚିର ମିଚିର
ଚରେ ଚିରଗୁନ ଶବଦ ନାଇଁ
ଅନାମେତ ମଉନମୁହାଁ
ବଗିଚାର ଫୁଲ ଯେତେ
ଉଦାସ ବେରଂଗ କେତନିକେତେ ।

ଦଗଦଗ ଦିଶୁଥିସି ଯାହା
କାହିଁ ନି କାହିଁ ଲମିଥିବାର
ଲମାନ ଧରସାଟେ
ଯାର ତରେ ଗୁଟେ
ପରବତର ଧାତା ନାଇଁ
ଝରନା ପୀରତି ଗୀତ
ପରକୁତି ସାଗୁଆ ସାଜୋ
ଭରସାର ଗୁଛେ କାଏଁଶଫୁଲ ଭିଲ ନାଇଁ ।

ଏକେସାଏର ଫିକା ମନ ଭିତରର
ସବୁ ମହକ
ସବୁ ଭାବନା, ସବୁ ସପନ
ଯେତେ କିରିଆ, ମୁଡ଼ଛିଆଁ ଛିନଛାନ
ଅଂଧାରୁ ଉକିଆ ସମାନ
ଯେଭେ ମୋର ବାଗିର ଝନେକେ
ଅଧା ବାଟୁ ଫିରେଇ
ଏକଲା ସେ ଧରସା ଥି ଆଗକେ ବଢ଼ି ଯାଏସ ।

ଆମେ ତ ପହଦିଗଲାଁ ନ
ଏକଲା ହେଇ ରହେବାରଟା
କେନତା ଝନେ ତୁମେ ଗା
ଯେଭେ ଯାଏସ
ବିନ ଥାଇ ଥିଲା
ସେ ବେଲଉଦାକେ ଭି ଏକଲା କରିଦେସ ।

ଟିଙ୍କୁ ମେହେର

ଏକଲାପନ ମିତ

ମୋର ସୁଖର ଦୁଃଖର ପଛୁଆଲ ତୁଇ,
ମୋର ଏକଲାପନର ମିତ ତୁଇ,
ମୋ ଖୁସିର ସମିଆ ନ ଖୁସ ହ କି ନି ହ
ଦୁଖ ବେଲକେ ମୋର ସାଙ୍ଗେ ସାଙ୍ଗେ
ତୁଇ ବି ତ ବୁଡରି ଯାଏସୁ ଆଁଖିର ଆଁଖଲ ଥିନ ।

ମୁଇଁ ପଛେ ପାସରିଦେସି
ମୋର ଇତିହାସ କେ,
ଲଁହକି ଯେଇଥିବାର ସମିଆଁକେ
ହେଲେ ତୁଇତ; ସୋର ରଖିଥିସୁ !
ଚିତ୍ରେଇ ନେଇଛୁ, ଉତ୍ରେଇ ନେଇଛୁ,
ତୋର ଦେହେସାରା ଗୁଟ-ଗୁଟ କରି
ଆପନାର କରି ଆବରି ଧରିଛୁ ।

କହେସନ ତ
ଗଲା ସମିଆ ଫିରି ନି ଆସେ
ହେଇଥିବା ଯେ... ମାତରକ
ତୋର ଠାନେ ମୋର ଅତୀତ'କେ ଭେଟଲେ
ସମିଆଁ ଲେହେଁଟି ଆଏଲା ଲେଖେ ଲାଗସି,
ସେ ଛନେକର ଲାଗି ହଉକି ଘଡେକର ଲାଗି
ବଡା ଉଷତ ଲାଗସି... ।

ଡାଏରୀ...ତୁଇ କହତ,
କାହାକେ କହେମି ମନ କଥା ?
କିଏ ଶୁନବା ସେ ଦରଦଭରା କଥାନି ମାନକେ ?
ହେତିର ଲାଗି ତ ତତେ ଅନସରି
ସଁପିଦେସି ସବୁକେ... ।

ମିଟିମିଟି ଯାଏସି ନିରାଶପନ
ଫେରଥରେ ନିଲଜ ହଁସିଟେ ହଁସି,
ଆଁଏଖ ମୁଜସି
ଗୁଟେ ନୂଆଁ ସକାଲର ଆଶ ଥିନ
ଗୁଟେ ନୂଆଁ ସକାଲର ଆଶ ଥିନ... ।

ତମର ସୁରତା ଥି

କେଭେ କେଭେ,
ପୁରନା ବହିନୁ ଜୁହ୍ନା ଚିଠି ପାଇଗଲେ,
ଗେଲେରୀରେ ଆଗର ଫୋଟୋ ଦେଖିଦେଲେ,
ତମର ଫେବରେଟ-ଗାନା; ମୋର କାନେ ବାଜିଗଲେ
ଖୋବ ସୋର ଲାଗସ... ଖୋବ... !

ତମେତ,
ତମର ଭାଗର ପ୍ରେମ ନେଇ ପଛ କରିଦେଲ !
ମୁଇଁ ସିନା ବାଏବିଛୋ ହେଇ ତରସି ଯାଏସିଁ;
ତମର ଆଁଖିର ଠାନିକେ, ମୁହଁର ହସିକେ
ଗୁଡର ପଏଁରିକେ, ହାତର ମେହେନ୍ଦିକେ ।

ଲେହେଁଟି ଦେଖତ ଥରେ
ସୁରତା ଦର୍ପନେ ତମକେ ବି ଦିଶବା;
ଯୁଡା ଚଟିଆ ଅଲଗ-ଅଲଗ ହେଇ ଉଡି ଯଉଥିବେ,
ସୂରୁଜମୁଖି ତା'ର ମୁହୁଁମୁଡିନେବା,
ଫୁଲର ପରସକେ ଝୁରି; ଭଅଁର କଲାପଡିଥିବା...।

ଶୁନିଛେଁ, ଏଭେପରେ;
କାହାର ମନ-ମହଲେ ରାନି ସାଜିଛ,
ତନ-ମନ କେ ସପିଁଦେଇଛ,
ଗୁଟା ଗୁଟା ରାଏତ ଉବାଗର କରୁଛ
ହେଲେ ମୁଇଁ, ଭୁରତେଇ ହେଲେ ପାରସିଁ ଭାଏଲ
ଅମାନ୍ତି ମନର ଅଝଟପନ କେ ?

ମୋର ହାତଧରି ଚାଲି ନି ପାରଲ ନାଇଁ,
କେବେ ଆଏତ ତ ହେଲେ
ପାହାତିଆଁ ସପନେ ସୁରତାଟେ ହେଇ ।

ରୋଶନ ସାହୁ

ବର୍ଷାର ଲାଗି ଚାଷୀ ହସୁଛେ

ବଛର ଯାକର ଖୁଜି ନୁରି କେତେ
ପାଏସି ଚାଷୀ ଅଷାଢ଼େ ତତେ,
ତୁଇ ଆସଲେ ମୁହେଁ ହଁସ ଫୁଟସି
ବଦଲି ଯାଏସି ଦଶା ସତେ ।।୧।।

ଖେତେ ବିହନ ଝଁଟି ଦେଇକରି
ସତେ ଦେଖୁଥିସି ବାଟ ତୋର,
କେଭେ ଆସବୁ ବଲି ଟାକିଥିସି
ମନେ ଭାଲି ହେଉଥିସି ଜୋର ।।୨।।

ତୋର କୁରପାନୁ ଅମଲ କରସି
ନାନା ଅମୂଲ୍ ମୂଲ୍ ଫଲ ମୁଲ,
ଚାଷୀ ହଁସୁଛେ ଏଜ ମୁଲ ମୁଲ,
ବଁଚି ଥାଉ ଗା ଚାଷୀ କୁଲ ।।୩।।

କେନ ରୂପେ ତତେ ପୂଜା କରମି

ଡାକଟେ ଦେଲେ ତୁଇ ନରଦି ଆଏସୁ
କୁଲେଇ ନେସୁ ଅଂଘା କରି,
ମହାପୁରୁ କେ ତ ନାଇଁ ଦେଖି ମୁଇଁ
ତୋର ଲେଖେନ ଦିଶୁଥିବା, ଜାନଲି ବିଚାର କରି ।

ମାଁ ଶବଦ ଟା କେତେ ଲାଗସି ମିଠା
କହୁଥା କହୁଥା ବାଗିର ଲାଗୁଥିସି,
କେନ ରୂପେ ତତେ ପୂଜା କରମି
କହିଦେ ଥରେ ମୁଇଁ କେନ୍ତା କରସିଁ ।

ସବୁ ଅଲି, ଅର୍ଦଲି ସହିଦେସୁ ତୁଇ
କେବେ ଯେ ନାଇଁ କରବୁ ପର,
ତୋର ଲାଗି ମୁଇଁ ସଂସାର ଦେଖଲି
ଗଢ଼ିଦେମି ତୋର ଲାଗି ବାଲି ଘର ।

ଚାରହି ଧାମ ତତେ ବୁଲେଇ ନେମି
ଏଛେନ ଛୁଆ ଅଛେଁ ଲୋ ମାଁ,
ହାତଧରି ମତେ ଚଲେଇ ଥିଲୁ
ବଡ ହେଲେ ତୋର ଆଶାବାଡି ହେମି ମାଁ ।

ଯାହା ସବୁ ଭୁଲଥିବା ମୋର
ମାଫ ଟିକେ କରିଦେବୁ,
ତୋର ଗରଭୁ ଜନମ କରିଛୁ
ଇ କଥା କେଭେ ପାସରି ନାଇଁଦେବୁ ।

ଲକ୍ଷ୍ମୀଧର ବିଭାର

କବିତା ଜଦି ସତ ହେତା

ମୁଇଁ ଲେଖତି 'ଏକଜୁଟ',
ସଂସାର ର ସଭେ ଏକହେଇ ରହେତା
ମିଲିମେଶି ଖୁସି ଥି,
ନାଇଁ ରହେତା ଧନୀ, ଗରିବ,
ସାନ, ବଡ, ଉଚ, ନିଚ, ର ହିସାବ
ସବେ ଏକ, ସବେ ସମାନ..।୧।

ମୁଇଁ ଲେଖତି 'ଶାନତି',
ଶାନତିର ମେଘ ଢାପିନେତା ସାରା ପୁରଥି କେ,
ଉଡି ଜାଏତା ମନୁ ହିଁସା, ପାପ, ଲୋଭ,
ଫୁଟି ଉଠତା ମନେ ସତ, ଶାନ୍ତି, ଦୟା, କ୍ଷମା
ପ୍ରେମର ଫୁଲ,
ମହକେଇ ଦେତା ଆକାଶ, ପାତାଲ, ଧରତି କେ...।୨।

ମୁଇଁ ଲେଖତି 'ଘର'
ଆର ସବକର ପାଶେ
କୁରିଆ ଗୁଟେଗୁଟେ ଥିତା,
କେହି ନାଇଁ ଶୁଇତେ ବାଟତରେ,
କି କେନ ସହରର ଫୁଟପାତ ଥି,
ନାଇଁ ରହେତା ଡ଼ର
ବଏଶାଖର ଝାନଜ ଖରାକେ,
ଅଷାଢର ଝଁକେର ପାଏଁନ କେ,
କି ଫୁଷ ମାସର କନକନି ଶିତ କେ...।୩।

ମୁଇଁ ଲେଖତି 'କୁଟୁମ ଟେ',
ଜେନ ସବେ ସବକର ଦୁଃଖେଁ ସୁଖେଁ
ଠିଆ ହେଉଥିବେ, ବିନ ଆସେ,
କେଁନ ନିଜର, କେଁନ ପରର,
ଇ ବାଚ ବିଚାର ହିଁ ନାଇଁଥିତା,
ସବେ ସମାନ ଥିତେ,
ସଁସାରେ କିହେ ନାଇଁ ଥିତେ ଅନାଥ... ।୪ ।

ମୁଇଁ ଲେଖତି ଦିହିଁ 'ଦଗଲି ଟେ',
ସବକୁ ମିଲି ଜାଏତା ଦିହିଁ ଢାପବାର କେ,
ଇଜ୍ଜତ ଢାପବାର କେ, ସୂତାତାଗେ,
ଜହ ମହରଗ ଟା ନାଇଁ ହେଲେ ବି
ଦରକିଲା ଚାଦର, ପିନ୍ଧଲା ଶାଢ଼ୀ ଖଣେ,
ଢାପି ହେଉଥିତା
ମାଆ, ଝି, ବୁହେନ କର ଉଲଗନ ଦିହେଁ... ।୫ ।

ମୁଇଁ ଲେଖତି 'ଅରନ ମୁଠେ',
କେହି ନାଇଁ ଶୁଇତେ ଭୁକେ, ଉପାସେ
ପୁରି ଜାଏତା ପେଟ,
ମେଟି ଜାଏତା ଭୋକ,
ମିଲି ଜାଏତା କେଁଗା,
ଭୋକ ଲଡୁ, ଆର ଶୋଷ ଲଡୁ ଯେତେ... ।୬ ।

ମୁଇଁ ଲେଖତି 'ପ୍ରେମ',
ଆର ଦେଶ, ଦେଶ ଭିତରେ କେଭେ
ନାଇଁ ହେତା ଜୁଦ୍ଧ,
ମେଟି ଜାଏତେ ଆତଙ୍କବାଦୀ, ମାଓବାଦୀ,

ସତରୁ ଇନ ମଏତର ପାଲଟି ଜାଏତେ,
ଜୁରି ହେଇ ରହେତା ମୁନୁଷ ସଂଗେ ମୁନୁଷପନ ଟେ,
ଅଖଣ୍ଡ ଭାରତର ନାଁ ଥି
ଯାହାକେ ମହାନ ଭାରତ ବଲି ମୁଇଁ ଜାନିଛେଁ... ।୭ ।

ମୁଏଁ ଲେଖତି 'ରୁଜଗାର'
ମେଟି ଜାଏତା ସଁସାରୁ ବେକାରୀ ସମସ୍ୟା,
ମିଲି ଜାଏତା ମେହେନତୀ କେ ଦୁଇ ପଏସା,
କିହେ ନାଇଁ ଜାଏତେ ଦାଦନ ଖଟି
ମାଆ, ମାଏଟ, କୁଟୁମକେ ଛାଡ଼ି... ।୮ ।

ମୁଇଁ...
ମୁଇଁ ଏନ୍ତା ଲେଖୁଥିତି
କେଭେ ଦୁଃଖ, କେଭେ ସୁଖ,
କେଭେ ଘର, କେଭେ କୁଟୁମ,
କେଭେ ଅରନ ମୁଠେ ତ
କେଭେ ରୁଜଗାର,
କେଭେ ଦଗଲି ତ କେଭେ ପ୍ରେମ
ଏନ୍ତା ଲେଖୁଥିତି ମୁଇଁ ଏନ୍ତା ଲେଖୁଥିତି... ।୯ ।

ମଶାଲ...

ହଁ ମୁଇଁ ସେ ମଶାଲ ଆଏ
ଜେ ନିଜକେ ଜଲେଇ କରି
ଅନ୍ଧାରରୁ ଉଁକିଆ କେ ବାଟ ଦେଖାସି,
ସୁତରେ ସୁତରେ ଚାଲିଗଲେ
ପହଁଚେଇ ନେବା ତୁମର

ଜିବାର ଠିକନା କେ
ପାଏବାର ଲକ୍ଷ୍ୟ କେ
ନିଜକେ ତୁମର ବାଟୁଆ ସାଜି
ଚାଲୁଥିବା ତୁମର ସଂଗେ ଜଳି ଜଳି ।।୧।।

ହଁ ମୁଇଁ ସେ ମଶାଲ ଆଏ
ନାଇଁ ଲିଭେ କେଭେ କେନ
ଗରେଲ ଧୁକା, ଝକେର ପାଏଁନ ଥି
କରା ମାଡ଼ କି ବିଜିଲି ଚମକ ଥି
ଦହ ଦହ ହେଇ ଜଳୁଥିମି ମୁଇଁ
ସତ କରମ ର ଘି, ତେଲ ଥି
ଧରମର ସାକ୍ଷୀ ହେଇ
ସଁସାରର ଅଏଁନ ହିତେ
ଝନେ ବାଟ କଢୁଆଲ ସାଜି
ହଁ ମୁଇଁ ସେ ମଶାଲ ଆଏଁ ।।୨।।

ହଁ ମୁଇଁ ସେ ମଶାଲ ଆଏଁ
ଜେଁନ ଜଲେଇ ନେମି ମୁଇଁ
ଯଉତୁକ ପ୍ରଥା, ବାଲ୍ୟବିବାହ
ପାରିବାରିକ ଅଶାନ୍ତି, କେ
ନାଇଁ ମରନ କେଁନ ମାଆ, ବୁହେନ, ଝି
ଲୋଭର ଆସେ ଧନର ଆସେ
ଜଲେଇ ନେମି ମୁଇଁ,
ବଲି ପ୍ରଥା, ମୁନୁଷ ବଲି, ପଶୁ ବଲି
ନାଇଁ ଭିଜେ ଆର କାହାର ରକତେ
କେଁନ ଗୁଡ଼ି, ଧରନି, ମନ୍ଦିର,
ନାଇଁ ପାଏ ସଜା କେଁନ ନୀରିହ ଜୀବ
ସବେ ବଁଚବେ ଇନ ସୁଚରାପାଏନ ପାଇ

ଗୁଟେ ନୂଆଁ ସକାଲ ର ଆଶେ
ଜଲୁଥିମି ମୁଇଁ, ହଁ ମୁଇଁ ସେ ମଶାଲ ଆଏଁ ।।୩।।

ହଁ ମୁଇଁ ସେ ମଶାଲ ଆଏଁ
ଜେଁନ ଜଲେଇ ନେମି ମୁଇଁ
ହିଁସା, ଅହଁକାର, ଘୃଣା,
ଛୋଟ, ବଡ, ଉଁଚ, ନୀଚ
ଛୁତ, ଅଛୁତ, ଜାତପାତ ର
ଭେଦଭାବ ର କଥା, କେ
ସଁସାରେ ସବେ ସମାନ ଆନ,
ଦେଖବ ଫେର ଥରେ
କହଁରି ଜିବା ଚାରିକୁତି ଇ
ସର୍ଗି ଫୁଲର ବାସ ଚହଁଟ
ହେ ମଶାଲ ର ଗରମ ଆଁଚେ।।୪।।

ହଁ ମୁଇଁ ସେ ମଶାଲ ଆଏଁ
ଜେଁନ ଜଲେଇ ନେମି ମୁଇଁ
ଅତ୍ୟାଚାର, ଭ୍ରଷ୍ଟାଚାର, ଦୁର୍ନିତି
ନାରୀ ନିର୍ଯାତନା, ଆଁଏଖ ଲୋଭି
ମନ ପାପିର ମନର ଆଶା କେଁ,
ଜଲେଇ ନେମି ମନୁ
ଅନ୍ଧବିଶ୍ୱାସ, ଆର କୁସଂସ୍କାର କେ
ମନେ ବସିଥିବା ଠକ, ଭଣ, ଲୋଭ,
ମୋହ, ମାୟା କେ,
ଗୁଟେ ନୂଆଁ ପରିବର୍ତ୍ତନ ର ଆଶେ
ଜଲୁଥିମିଁ ମୁଇଁ ହମେଶା
ହଁ ମୁଇଁ ସେ ମଶାଲ ଆଏଁ ।।୫।।

ହଁ ମୁଇଁ ସେ ମଶାଲ ଆଏଁ
ଜେ ସତ୍ୟ, ଶାନ୍ତି, ଦୟା, କ୍ଷମା,
ପ୍ରେମ, ମଇତ୍ରୀ ର
କଥା କହୁଥିବାର ଗୁଟେ ଉଲଗୁଲାନ ଆଏ
ହଁ ମୁଇଁ ସେ ମଶାଲ ଆଏ
ଜେ ଚାଷି ହଁକ, ସୈନିକ କେ ସନମାନ,
ମାଆ, ମାଏଁଟ, ମାତୃଭାଷା, ସାହିତ୍ୟ,
ଆର ଦେଶ, ରାଏଜ, ସମାଜର
ମଙ୍ଗଲ ଚିନ୍ତା କରି
ଜଲୁଥିମିଁ ମୁଇଁ ସବୁବେଲେ
ନୂଆଁ ସପନ ର ଆଶେ
ନୂଆଁ ଜୁଗର ଆଶେ
ଜଲୁଥିମିଁ ମୁଇଁ ଦାଓ ଦାଓ ହେଇ
ହଁ ମୁଇଁ ସେ ମଶାଲ ଆଏଁ ।।୬।।

ନୁହେଁସେ ମୁଇଁ
ମିଟ ମିଟିବାର ବଏଠା
ମୁଇଁ ତ ହୁଇଲି ଗଦାର ଜୁଏ
ଜଲମି ଯଦି ଧ୍ୱଁସ କରିଦେମି
ନାଇଁ ପାରେ ଲିଭେଇ ମତେ କିଏ
ଧରତି, ପୁରଥି, ପ୍ରକୃତିର ରକ୍ଷାର ଲାଗି
ଜଲୁଥିମିଁ ମୁଇଁ
ହଁ ମୁଁଇଁ ସେ ମଶାଲ ଆଏଁ
ହଁ ମୁଁଇଁ ସେ ମଶାଲ ଆଏଁ ।।୭।।

ଲିପସା ବାରିକ

ମୁନୁଷପନ

କେତେ ଉପାସ ବଲା କରି କରି
ବାବୁ ପାଇଁ ଥିଲି ତତେ ମୁଇଁ
ତୋର ଜନମ ଦିନର ଉଷଚ କେ
ମୁଇଁ ନେଇଁ ପାରେ କେବେ କାହିଁ ।
ଭୂଁକେ ଶୁଷେ ରହି ତତେ ଖୁଏଁଥିଲୁ
ନିଜର ପେଟ କେ ମାରି
ଚେଁଡି ରହୁଥିଲୁ ରେତ ରେତ ଆମେ
ବସି କରି ତତେ ଧରି ।
ଭୁତି ଦୁଃଖ କରି ମାଗିଜାଚିଁ ଆନି
ପଢେଇଁ ଥିଲୁ ତତେ ପାଠ
ଏହାଦେ ବାବୁ ରେ କେଁନ ରହିଗଲୁ
ନେଇଁ ଦେଖଲୁ ଘରର ବାଟ ।
ବୁଢ଼ା ବୁଢ଼ୀ ହେଲେ ଅଦରବା କାଳେ
କରବୁ ବଲି ଆମର ସେବା
ଟାକିଁ ଟାକିଁ ତତେ ଦୁନିଆଁ ଛାଡ଼ି
ପଳେଇଁ ଗଲେ ନ ତୋର ବାଁଆ ।
ନେଇ ପୁହୁଟିଁଲା ତୋର ନ କାଁଏ ବାବୁ
ଚିଠି ମୁଇଁ ଲେଖିଥିଲି
ଭେଟ ପଢ଼ୁ ଆସି ମାଆ ନ ବଲି
ବାଟ ତୋର ଦେଖୁଥିଲି ।
ବେଳେ ଖାଇ ବେଳେ ଉପାସେ ରହୁଛେ
ନେଇଁ ମିଲବାର ମୁଠେ ଅରନ
ତତେ ଯାଇ ଥରେ ଦେଖି ଆସି ଥିତି

ଯଦି ଥିଁତା ମୋର ହାତେ ଧନ ।
ଉସତାର ପାଏଁଲେ ଆଏଁବୁ ବୁଲି
ଦେଖି କରି ଯିବୁ ମତେ
ବନେ ବନେ କରି ରଖି ଥାଉ ପ୍ରଭୁ
ସବୁ ସୁଖ ମିଲୁ ତତେ ।
ଖବର ପାଏଲେ ବାବୁ ଆଏଁବୁ ଘାଏଁ
ପବନ ଉଡିଗଲେ ମୋର ଦିଁହୁ
ନେଇ ନ ତୋର ଦିହେଁ ମୁନୁଷପନ ବଲି
ଇ ଦୁନିଁଆ କେବେ ନେଇଁ କହୁଁ ।

କାଏଁ ଯେ ଦଉଛୁଁ କାଟି

ଜଗେଇ ଯଦି ନେଇ ପାରୁ
କାଏଁ ଯେ ଦଉଛୁଁ କାଟି
ଗଛ ବିକି କରି ବେଲ ବୁଡଲେ
ଯିବୁ ତୁଇଁ ମଦ ଭାଟି ।
ଫଳି ଦେଶୀ ଯେଭେ ମିଠା ଫଳ
କେନତା ଖାଏଁସୁ ତୁଲି
ପଏଁସା ହେବା ବଲି ବିକସୁ ତୁଇଁ
ହାଟ ବଜାର ବୁଲି ବୁଲି ।
ଗଛ ତଳେ ବସି ଦିନ ମଏଁଧାନ
ଖେଲୁଛେ ବସି ତୋର ନାତି
ଖରା ଟିକେ ହେଲେ ଦୁଇ ପହଁରେ
କମ ହେସି ଇନୁ ତାତି
ମୁଁହୁ ନେଇ ବଲି କହିଁ ନେଇ ପାରେ
ମନ ତାର କାନ୍ଦୁଥିସି
କାନା ପାଏଁବୁ କାଟି ଦେଇ କରି
ଭାବ ଥରେ ଇନୁ ବସି ।

ଶମ୍ଭୁପ୍ରସାଦ ଘିବେଲା

ଗଣା ବଜା

ହଜଲା ପୁରଥି ନେ
ମତେ ପାହେ ଦେତ କାଏଁହୋ କବି
ଅମର ହେଲେ ହେତି ।

ଏଭେ ଚକଚକା ମ୍ୟୁଜିୟମ ଥି
ମତେ ରଖଲେ ନ ଜତନେ ପାତନେ
ଛପା ମରା ହେଇଛେ
ଛିଇଁବାର ମନା
ଆପଣକର ଦରବ ଆପଣକର ହାତେ
ହେଲେ ସ୍ୱାର୍ଥପର ମୁନୁଷ
ମତେ ବାରଜାବତିଆ କରି ମାରିଦେଲେ ନ ।

କାଏଁଯେ ଯୁଆନ ପିଢି ମତେ ଅପନାବେ
ଯେତେ ବଁଚିଛନ
ହେ ଲୋରୋଥରୋ ବୁଢା ଦୁରା ନ
ଛାର ହେ ଦଶରା ମାସର ପାରେ ଲାଗି
ଚଲେଇ ପାରବେ କାଏଁ କୁଟୁମ
ତମେ ତ ଲୋକ ମହୋତ୍ସବରେ ବି ଛି କଲ
ଅପନାଲ ଦୁଲଦୁଲି ।
ହେତି ନଚେଇ ପାରବ କାଏଁ ଦେବତା
କି ପାଇପାରବ
ମାଏଟ ପକା ପାର, ଦୁରଲା ନଚା

ସାକେତ ଶ୍ରୀଭୂଷଣ ସାହୁ ୧୩୯

ଦ୍ୱାରମାଡେନ ଗାଲସେକା
କି ଆଏଁସନ
ବିହାର ପାଁଚ ଦିନୁ ।

ଆଏଜ ବି ମୋର ମନକେ ମନ
ବାଜସି ଷୁହୁଲ ଭରନି
ମୁଡ ଝିଟକା କରି ନରଦି ଆଏତା ଦେବତା
ମାତର ବାଜବା କାଏଁ
କେନଆଡେ ଲୁକି ଗଲାନ ସେ ମନ
ବଦଲି ବସଲା ଚାଲି ଚଲନ ।

କେଭୁ ନୁ ଟାଙ୍ଗି ହେଇଛେ
ତାର ସେ ଭଙ୍ଗା ଘରେ
ବାଦି, ଶାଲ ନୁ ପଲେଇ ଗଲା ନ
କେଭେ କେନତା ବାଜସି
ତାର ଉଦୁର୍ଛା ନାତି ନାତେନ ହାତେ ।

କିରଲେଇ ପାରସନ ବୁଢାର ଥାପଡ଼େ ଥି
ଫେର କହେସି
ଇଥି.. ପିଇ ପାରବ ଥିର ତୁକେ,
ସେ ରଦରଦେଇ କହେସି ମତେ
ଆମର ଦିନ କାଲ ସରଲା
ତୁଇଁ ମୁଇଁ ଗୁଟେ ଦିନେ ଦଦଁ ହେଇ ଜଲମା ।

ସର୍ବନାଶ

ଆଁ କରିଛେ
ଟଡକୋ କରି ଗିଲି ଦେମି
ଖାଲି ତତେ ନେଇଁ
ଏନ୍ତା କହୁଥିବାର ସମିଆଁ
ବଡ ଲୁକିଆର ଗୁଲାମ ।

ଡଙ୍ଗର ଟିପିନେ ବିହା ବରପନ
ଉହାଡି ଅଁଟା ପଏଁସା ନାଟେ ଫିଙ୍କବାର
ସବୁ ଗୁଟେମୁଟେ ସର୍ବନାଶ ।

ହାଡ ଥି ଲଟକି ଥିବାର ଛାଲ ଟିକେ
ପୁରନା ଫରଦ ଉଲଟେଇ ହେଲା ବେଲୁ
ଆର ଗହଦ ନାଇଁନ
ଜନାପଡସି ଉଜନ
ଜନାପଡସି ଗହଁଡିଆର ରକତ ଛିତକା କଥା ।

ଘନଘନ ବେଁକ ବାଲେ
ବଁଚି ଥିବାର ମାଏଁଟ ହାତେ କର ଲାଗି
କେନ ଯାନବେ...
ପୁରା ଗଦେଇ ହେଲାନ
ଖାଲି ଝାରବାର ବାକି ।

ମାଏଁଟ ସାଙ୍ଗେ ମାଏଁଟ ହଉଥିବାର ମୁନୁଷ
ମାଟି ଲୁକି ଦେବାର
ହର ଦିନ ବାଜୁଛେ ଗୁଟେ ଗୁଟେ ନ୍ୟୁଜ
ଶୁନୁଛେଁ....ଆକାଶବାଣୀ ବଲାଙ୍ଗିର ନୁ ।

ଦୁହେଁ ଦେଖିଥିବାର ସପନ ସିଆନିର ପେଟେ
କେତନି କେତେ ଉଷତ
ପୁରଥି ଦେଖବା କାଯେ,
ଖଟେ ଲଟକି ଖଁ ଖଁ ଖାଁସୁଥିବାର ଲରୋଥରୋ ବୁଆ
ଉଷୋକସାର ଆଶେ,
ଆର ମୁଇଁ
ଏକସରିଆ ମୁନୁଷ କାଣାଟେ କରମି
ଗାଁ ଶୁଇନ ସହର ମୁହାଁ ହେଲା ବେଲକେ
ଚୁଇଲ ମୁଡେ ଜୁଏ ଫୁକି ଫୁକି
ଦେଖୁ ଥିସି
କପା ଆଁଟେ ଖାଲ କୁଡି ତୁପି ଥିବାର ସର୍ବନାଶକେ ।

ଶଶୀକାନ୍ତ ମେହେର

ମନେପକଉଥିବାର ଜାଗାମାନେ

ହଁ ଜାନିଛେ,
ତୁଇ ଫିରିଆଏବୁ ସେ ଦିନେ,
ହେ ଦୁଇବଟିଆ ବାଟୁ
ଶେଷଥର ଲାଗି ମୁହେଁ ହଲଦି ଲେପିଦେଇ ।
ଅବେଶ, ବିହା ଦିନର ହଲଦି ଲେଖେ ମଜା ନି ଥିବା
ଦେଖବୁ କିଏ ଜଣେ ଏକଦମ ନିଚଲ ଶୁଇ ରହିଥିବା !

ହେଲେ, ବାକି ଦିନେ କେଭେ ହେ ବାଟେ ଚାଲିଗଲେ
କାଣା ସତେ ତୁଇ ଭୁଲି ଯାଇପାରୁ ହେ ଜାଗାର କଥା ।

ମୋର କାମ ତମାମ ହେଲା ଉତାରେ କାମଘର ଆସବୁ,
ମୋର ଘର, କୁଠାର କାନ୍ଥି ଟନା ହର ସୁରତାକେ ଦେଖବୁ,
ତୁଇ ଥରେ କହି ଯା; ହେତେବେଲେ ବି ତୁଇ ଭୁଲିଯିବୁ ?

କେଭେ ଫଟୁ ଦେଖୁଦେଖୁ ଯଦି ବାହାରି ଯେ ମୋରଟା ?
ଯଦି ଝରିଯାଏ ତୋର ଆଁଖିରୁ ଗୁଟେ ଲମା ଝରେନ !
କିଏ ଯଦି କହିଦିଏ, ତୋର କଥା ମୁଟା କେନ୍ତା ଶୁଭଲା ?
କାଣା କହି ପାରବୁ, ଶଶି ଇଟା ମନେପଡ଼ିଗଲା ?
କିଏ ଯଦି କହି ଦିଏ ତୋର କପଡା କେନ୍ତା ଭିଜିଗଲା ?
କେଁ ବଲି କହେବୁ ? ପାଏନ ପିଉଥିଲି ଆର ପଡିଗଲା ?
କି ହେ'ଦିନେ ହେଲେ କହିଦେବୁ, ଜଣେ ମନେପଡ଼ିଗଲା ।।

ଭାଂଗବାର ବଦଲା ଭାଂଗବା

କେବେ ନେଇ ଦିଶଲା ସେ
ହଁସହଁସ ମୁହୁଁ,
ସେ ଚେହେରା,
ଆର ଘାଏ କେବେ ତମେ ନି !

ଅବେଶ ହେ ଦିନେ ଦେଖଲାଟା କେ
ମୁଇଁ ଦୁର୍ଭାଗ୍ୟ ହିଁ ଭାବସି,
କାଏଯେ କି ଆର କେବେ ତମେ ନି ଦିଶ
ଇ କଥା ମୋର ଗୁଚର କେନ ଥିଲା !

ତଡପିବାର ସୁରତା ବି ଅଜବ ଆଏ,
କେବେ ସେ ଜଲବାର ଜୁଏ ନ ସିଝବା ବି ଠିକ !
ଇ କଥା ତେବେ ଜାନଲି,
ଶଶାଙ୍କ ଯେନ୍ତା ବୁଦ୍ଧଗୟା,
ବକ୍ତିଆର ନାଲନ୍ଦା,
କୁତବୁଦଦିନ, ଅଉରଂଗଜେବ ହିନ୍ଦୁ ମନ୍ଦିର,
ଗଜନି ସୋମନାଥ ମେତାର
ତମେ ଇ ହୁରୁଦ ଭାଂଗଲା ଉତାରେ !

ହଁ, ସବକେ ତ ଘାଏକେ ସବୁ ଭୁଲ ଭୁଲି ଯାଇ,
ଚଣ୍ଡାଶୋକରୁ ଧର୍ମାଶୋକ ହେବାର ସୁଯୋଗ ନି ମିଲେ,
କେବେ ନିଜେ ମାରୁଥିବା ଗିଲୋଟିନ ନ ବି
ଦିନେ ନିଜେ ବି ମରିପାରେ ଦୋଷୀ ରୋବର୍ସପିଅର !

୧୪୪ କୋସଲ ବାହିର ଯୁଆନ ସୋର୍

ଶିବ ପ୍ରସାଦ ସା

ନୁଆଁଖାଇ

ଫି'ବଛର ମେତାନ ଆଏବ ଭାଲି
ମନର ସାଗୁଆ ଖେତୁ
ଧାନର କହଁର ନେଇକରି... ?
ଭଂଗା ସପନକେ ଜୁଡ଼ବାର ଲାଗି,
ପୁଡ଼ଲା ମନକେ ମଏଲମ ଲଗେଇ ।
ତମେ ଜାନିଛ କି ନାଇଁ କେଜାନି
ଇନ ଶରାବନେ ବି ଝାଡ,
ଲୁକେ କହେସନ ଭୁଦୋ ମାସର ଖରା
ଆରୁ ବାଘ ନି ଖାଏ ଚରା ।
ଫଗୁନ କେଭେ ନି ଆସେ
ଇ ଇଲାକାକେ ହୁରହୁରିଆ ଧୁକା ନେଇ ।
ଦଶରା ସମଲେ ଗାଁ-ଗଁଡା ଛିନା
ବୁଢ଼ା ବୁଢ଼ି ଦୁରା ଡୁଗଡୁଗ ମୁଟମୁଟ
ହଉଥିସନ ଭତାର ବାଟକେ ଟାକି,
କପା ଆଁଟୁ ମୁନୁସ ମରା ଗଂଧ ଏଭେ ଜେଇଛେ ଫାକି ।
ତମକେ ନେଇ ରାଜଧାନିନେ କେତେ ଭେଟଘାଟ,
ଭାଷଣ ଆରୁ ମଉଛବ ।
ତଭି ତମେ ଆଏଲେ ହଁସି ଉଠବା
ଇ ଇଲାକା ମଦ ଆରୁ ଶିକାରର କହଁରନେ ।
ସଭେ ଏକଜୁଟ ହେଇ ମନାବେ ତିହାର
ଆରୁ ଜିଇଁବେ ଆରଗୁଟେ ନୁଆଁ ଜିବନ.. ।

ରବିନସନ କ୍ରୁଶୋ

ଚାରହିକୁତି ଖାଲି ଶୁଇନ ମହାଶୁଇନ
ଟିଁ ଚପଟ ମୁଲହେ ନି,
ଆଏଁଖ ଆଘେ ମେଘ ଆରୁ ସାଗର
ଅବଗି ଗୁଟେ ହେଇଜେଇଥିବାର ଭରମ..!
ଇନ କେନ୍ତେହିଁ ଜିଇଁମି...?
ଖାଏଦ ନି କି ପିଂଧନ ନି,
ସାଂଗ-ସଏରସା, ଲେତା-ଗୁତା କାହାର ବି ଖୋଜ ଖବେର ନି;
ଗଛ-ଖୁଁଟର ନାଁ ଗଂଧ ନି ।
ପଖନ ଦୁରା ବସିକରି ବଏଠକି କରୁଛନ ।
ନିଜର ଛଏଁରା ଟିକକ ଜାହା ସାଂଗେ ଲୁହୁଁର-ଚୁପୁର ହଉଛେ ।
ଜେନ ଆଡେ ନଜେର ବୁଲାଲେ ଖାଲି ପାଏନ ଆରୁ ପାଏନ !
ତଭି ଟଁଟି ସୁଖି ଜଉଛେ ଶୁଷେ ।
ଇନ ଫଗୁନେ ବି ଭେଟି ହେସି ଜେଠର ରଦରଦିକେ ।
ଫାଟି ଆଁ କରିଥିବାର ମାଏଟ
ଝୁଁଣି ରାକସେନ ମେତାନ ଦାଁତ ଗିଜରେଇ
ମତେ ଖିଜେଇ ହଉଛଛେ ।
ଫୁଲ ଗୁଟେ ସୁଙ୍ଘେଇ ଦେଲେ
ଭେଣିଆ ବି ଇନ ଗରରା ବନି ଜାଏ,
ଅଜିଥିବା ଗିଆନ ଆରୁ ଧଏଜ ସବୁ ପାଏନ ଫାଟି ଜାଏ ।
କିଏ ଝନେ ଆନି ମତେ ଛାଡିଦେଲା
ଇନ୍ତା ଗୁଟେ ଡିପୁନେ ଆରୁ ଇନର ରଜା ବଲି ଦେଲା
ମୋର ନୁଆଁ ପହେଚାନ ।
ନାଇଁତ ହିରାକୁଦ ଲାଗି ବେସାହାରା ହେଇଥିବାର ମୁଇଁ
ଜନେ ଅଲଗ କ୍ରୁସୋ ରବିନସନ ।

ତଭି ଇନ ଜିଇଁବାର ଆଶେ ସପନ ଦେଖି
ଜେ ଯାହାର ଉପରେ ଝପଟିପଡି
ପି'ଜଉଛନ ରକତ ଆରୁ ଲିହି ଯଉଛନ ଶିକାର ।
ପହଁପହଁନୁ ଦେଖଲେ ପଖନର ଶିବଲିଂଗ ପାଶେ
ମାଏନ-ସନମାନ ଲାଗି ଜବର ଭିଡ଼ ।
ହରିବୋଲ ଆରୁ ହୁଲାହୁଲିର ଶବଦନେ
ଫାଟି ପଡୁଛେ ଇ ଇଲାକା ।

ଶିବାନନ୍ଦ ବନଛୋର

ଇଟାଭାଟି ଥି ଜୀବନ

ହେଟା ତ ଜୀବନ
ଦକ ଦକ ହେଇ ଦିଶୁଛେ
ଡହଡହ ଅଙ୍ଗରା ଥି
ଶୁଖୁଆ ପୁରଗିଲା ଲେଖେ ପୁରଗି ହେଉଛେ ।।

ସମିଆଁର କରପନେ ହାରମାନସି
କୁରୁକ୍ଷେତ୍ରର ଲାଲ ମାଏଟ ଥି ଅଭିମନ୍ୟୁ ବି
ଧସେଇ ଯାଏସି କର୍ଣ୍ଣର ରଥର ଚକା ବି
ତ ଇ ଛାର ଚଏତୁ କାଣା ଆଏ ଯେ
ଇ ସମିଆଁର ଆଗାଡେ ।।

ଧାର ଧାର ହେଇ ବହିଯାଏସି ପାଏନଚିଆ ରକତ
ଚଏତୁର ଛୋଟ ହେଲେ ବି
ପାହାଡ ଲେଖେ ଛାତି ନୁ
ଗହଦର ରୂପ ନେଇ ।।

ଭଙ୍ଗାଘରର ମେଲା ପର୍ଛି ଲେଖେ
ଅଧା ନଙ୍ଗଲା ହେଇ ପଡିଥିସି ଚଏତୁର ଦିହେଁ
ଖାଲି ଥିସି ତ ନିହି ବାଗିର
ଖଣେ ଦଦରା ଫଟା ଲୁହୁଙ୍ଗି ।।

ଇଟାଭାଟିର ସେ କୁରିଆ ଥି
ଥମ ହେଇ ବସିଥିସନ ଦୁଇଟା ଜନ

ଉଆଁସର କଳାବାଦଲେ
ଉଲମି ଯାଇଥିସି ତାକର ମୁହୁଁ
ଭୁକର ଚୋଟର ମାଡେ ।।

ଦୁରପଦୀ ଲେଖେ ବାର ବରଷ ନାଇଁବୁଲି ଜଙ୍ଗଲେ ଚଏତୁର କନିଆଁ
ତାର ମୁନୁଷ ସାଙ୍ଗେ...
ତଥାପି ଦହଦହ ହେଇ ଜଲଉଥିସି ନିଜକେ
ଇଟାଭାଟିର ଜୁଏ ଥି ଚଏତୁ ସାଙ୍ଗେ
ମୁଠେ ଅରନ ଲାଗି ।।

ହାରିଯାଏସନ ଅଭିମନ୍ୟୁ,
ହାରିଯାଏସି କର୍ଣ୍ଣ,
ହେଲେ ନାଇଁ ହାରେ ଚଏତୁ...
ଗହଦ କେ ପିଇ ଇଟାଭାଟିର କୁରୁକ୍ଷେତ୍ର ଥି
ମହାଭାରତ ଲଢ଼ି ଚାଲୁଛେ...
ଆଉ ଲଢ଼ି ଚାଲୁଥିବା,
ତାର ସାଙ୍ଗେ ବାହାରି ଆସୁଥିବେ ଶହଶହ ଚଏତୁ
ହାରଲା ବାଜିକେ ଜିତବାର ଲାଗି ।।

ଫଗୁନ ରୁଷିଛେ

ତମର ଗଲାପରେ
ବଦଲିଯାଇଛେ ଜୀବନ
ଖାଲି କାଣା ଜୀବନ ବଦଲିଛେ
ଜୀବନ ସାଙ୍ଗେ ବଦଲି ଯାଇଛେ ପ୍ରକୃତିର ରଙ୍ଗ ।।

ଫଗୁନ ଆସିଛେ
ହେଲେ ନାଇଁନ ତାର ରୂପ ରଙ୍ଗ
ଆଉ ସେ ଫଗୁନର କହଁର
ସବୁ ଫିକା ଫିକା ଲାଗୁଛେ ।।

ଫଗୁନ ବି ତମକେ ଝୁରୁଛେ
ତମକେ ଝୁରି ଝୁରି
ଆଉ ନି ଧରବାର
ସେ ଆମ ବଗିଚାର ବଉଲ ।।

ତମର ସୁରତା ଥି
ଗଛମାନେ ବି ଭୁଲିଗଲେ ନ
ପତର ଝଡାବାର କେ
ନୂଆଁ କଅଁଳିଆ ପତର ବି ନି ଆସବାର ଆଉ
ତମର ଗଲାପରେ ।।

ପଲସାଫୁଲର ଲାଲ ଜରଜର ରଙ୍ଗ ବି
ଫିକା ପଡିଯାଇଛେ
ଆଉ ଝୁରମୁରୁଉଛେ
ତମକେ ଭାଲି ଭାଲି ।।

ଫୁଗନ ପୁନିର ସେ ଗୁଲା ଜନ ବି ଢାକିହେଇଛେ
କଲା ବାଦଲମାନକର ଉହାଡେ
ଆଉ ଆକାଶ ବି ଝରେଇ ପକଉଛେ
ତାର ଆଖିଁଲ କେ
ମୋର ଆଖିର ଆଖିଁଲ ଲେଖେ ।।

ତମେ ଗଲ ଯେ
ମୁଇଁ ତ ନି ରୁଶି,
ହେଲେ ରୁଶିଛେ ଫଗୁନ
ଆଉ ସେ ପୁନିର ଜନ ।।

ଘାଏ ତ ଥରେ ଫିରିଦେଖ
ଦେଖବ, କେନ୍ତା ହସିଉଠବା ସେ ଫଗୁନ
ଧରି ବସବା ଆମ ବଉଲ
ଆଉ ଫେର ଥରେ ଉଦିଆସବା ଫଗୁନ ପୁନିର ଜନ
ଆଉ ତାର ସଙ୍ଗେ ଜୀଇଁ ଉଠବାର ମୋର ମରୁଥିବାର ସପନ ।।

ଶିଶିର କୁମାର ପାଣିଗ୍ରାହୀ

କେଭେ ଭୁଗି ନାଇଥିବାର ଦୁଖମାନେ

କେଭେ ଭୁଗି ନାଇଥିବାର ଦୁଖମାନକର କଡିଥିଁ
ବାଂଧିହେଇ ଜିଁଉଚେଁ ଗୁଟେ ବନ୍ଦି ଜୀବନ...

ଚାଲୁଛେଁ - ବୁଲୁଛେଁ
ହରଘଡି ଦେଖୁଛେଁ ସେମାନକର ଉଦାସ ମୁହଁର ଆକାଶ
ଖାଉଛେଁ - ଶୁଉଛେଁ
ସପନୁଛେଁ, ଭରମୁଛେଁ କେତେ ଅଲାର ସମିଆଁ
ଆର ସେମାନକର କିଟକିଟ ଅନ୍ଧାରର ଇତିହାସ ।

ସେ ଇତିହାସ ମତେ ପ୍ରଶ୍ନ କରୁଛେ :
ଏ ଅଲସୁଆ ! ଅପାରଗ ! ହୃଦୁଦହୀନ !

କାଣା କରିପାରଲୁ ? କାଣା କରୁଛୁ ?
କାଣା ହେଲେ କରିପାରବୁ ?
ମଶାଲ ନାଇଁ ହେଲେ ନାଇଁ
କେଭେ ସଏଲତାଟେ ବି ହେଇପାରବୁ
ଇମାନକର ଖାତିର ?
ମୁଇଁ ସେଁର୍ଗାଟେ ଲେଖେ ସବୁ ଶୁନୁଛେଁ ।

ଉଁଆସରାତି ଟର୍ଚଲାଇଟର ମଜବୁତ ଆକ୍ରମଣ ଥିଁ
ଯେନତା ଝଡ଼ିଯାଏସନ ଝାରର ଟେରେଇ
କେଁଚୁଆ ପଟକର ଲୁଭେଁ ଗରିକଁଟାଥିଁ
ଯେନତା ଲଟକିଯାଏସି ଝୁରି

ବସ୍ତିର ଆଶେ ଆସି ଯେନତା ଗଛର ଡାଲେ
ଛନ୍ଦି ହେଇଯାଏସି ବାଦଲି
ସେମାନେ ରଁଚେ ରଁଚେ ସପନର ଉକିଆର ମୁହାସେଁ
ଜୀବନର ଧରସା ଥିଁ ହେଇଯାଏସନ ଧଂଦି ।

ସେମାନକର ରକତ ଥିଁ
ବଡବଡକିଆକର ନିହିପୂଜା ହେସି
ସେମାନକର ଜୀବନକେ ନିଲାମ କରାହେସି
ଆଗତ ଭବିଷ୍ୟତକେ ଗୁଲାମ କରାହେସି
ଏନତା ନାଇଁସେ କି ସେମାନେ
ସବୁ ଚୁପଚାପ ଯାଏସନ ସହି
ଗାଗରର ଛିରପଟ ଫଟେଇ ଉକବୁକେଇ ଯାଉଥିବାର
ଗୁଟେ ବିଦ୍ରୋହର କାନଫଟା ରଡି
ଘାଏଘାଏ ବାହାରିସି ହେଇ
କିଛି ଅବୁଝା-ଅକୁହା ଧ୍ୱନି ।

ସେମାନକର ମୁଡ ମାଡି ଠିଆହେଉଛେ ଗୁଟେ ସହରୀ ସଭ୍ୟତା
ସଭ୍ୟତା ବଏଲେ.... ଉକିଆ; ଉକିଆର ବଜା
ବଜା ବଏଲେ ଧଂଦା,
ଧଂଦା ବଏଲେ ଫାଏଦା ଘାଟାର ଗଣିତ
ଫାଏଦା ବଏଲେ ସେମାନେ, ସେମାନକର ଦରଦ ଦାରଦ
ସେମାନକର ମଜବୁରି
ଘାଟା ବଏଲେ ସେମାନକର ଛାତିତଲେ
ଆଁକରୁଥିବାର ବିପ୍ଲବର ମଂଜି...
ମଂଜି ପଡିଚେ ବଏଲେ ସମିଆ ଆଏଲେ ଗଜା ତ ହେବା
ଗଜାନୁ ପହ୍ଲା, ପହ୍ଲା ନୁ ବିରାଟ ଗଛଟେ ହେବା
ସେ ଗଛେ ରସି ଫାନ୍ଦି ଦୁଲବା ଆମ ନିଠୁର ସଭ୍ୟତା

ଆଏବା ଆର ଗୁଟେ ନବଜାଗରଣ,
ଚିନତା ଚେତନା ମାର୍ଜିତ ହେବା...
ପତରାବା ଆର ଗୁଟେ ନୂଆଁ ସଭ୍ୟତା
ସଭେ ସମକର ଖନ୍ଦ ଧରି ନାଚବେ
ଗାଇ ନୂଆଁପନର ଗୀତ...
ଆଏଜ ବି ଏନତା ସପନ ଦେଖୁଛନ ସେମାନେ
କିଏ ଜାନେ କେଭେ ହେନତା ଦିନଟେ ଆଏବା !!

ଇହାଦେ ବି ସେମାନେ ସବୁ ଦଲନ - ଶୋଷଣ ସହି
ଆଁଖିର ଲହ ପୁଛି,
ପୋଜ ନିଥରୁଥିବାର ଘା ଥିଁ ମାଏଟଚନ୍ଦନ ଲେପି
ଛାତି ଫୁଲେଇ ଠିଆ ହେଇଛନ
ସେମାନକର ମନୋବଲର କଂପନ ଥିଁ ଛିଡିଯାଉଛେ
ମୁଇଁ କେଭେ ନାଇ ଭୁଗିନାଇଥିବାର ଦୁଖମାନକର କଡି
ଲାଗୁଛେ,
ଆଏଜ ମୁଇଁ ଆଜାଦ ହେଇଗଲିଁ...

କାଇଛେ !!

ଯେନ ଦୁଖମାନକୁଁ ମୁଇଁ କେଭେ ନାଇ ଭୁଗିବଲି
କହେତେଲ ଆସୁଥିଲିଁ
ସେହି ଦୁଖମାନକେ କାଁହି କେନ ଯୁଗୁ, କେନ ଆଦିମକାଲୁଁ
ମୁଇଁ ବି ଭୁଗତେଲ୍ ଆଉଚେଁ...

ମଂଗାଶାଲ

ଉନିଆକର ସଉକର କପଟା
ବୁନୁନ ବୁନୁନ ଦର୍କିଯାଏସି
ନିଜର ଦିହର ଲେକରି...

ରଂଗ ନାଇଥିଲେଁ କାଁଏ ଜୀବନ
ରଂଗ ନାଇଥିଲେଁ କାଁଏ ସପନ
'ରଂଗ'ର କଥା ଶୁନୁନ ଶୁନୁନ
ମଂଗାଶାଲର ମାଲିକ ଗୁଲିବସସି
ରଂଗ-ଡେକଚିଥିଁ ଦୁଇମୁଠା ରଂଗ...

ରଂଗ ଭଁଉରୀ ଚକ୍ରବ୍ୟୁହଥିଁ
ଗୋଲ ଗୋଲ କିନ୍ଦରୁଥିସି
ଗୁଟେ ବାଲୁତ ପୁରଥୀ
ହୁଦେ ଛୁଆ ଖେଲୁଥିସନ ଡାହିମାକରି-କେଲିବାଡି
ହୁଦେ ଖେଲୁଥିସନ ବିଷ କି ଅମୃତ-ଛିଲୋଲାଇ
ହୁଦେ ପହଁରୁଥିସନ ମଝାବଂଧେ, ହୁଦେ ଫିଂକୁଥିସନ ଗୁଡ଼ି
ହୁଦେ ବନଉଥିସନ ବାଏଲ-ଘର୍ ଆରୁ କାଟିଁକୁଡ଼ି
ଆର ସମକର ଅଜାନତକେ
ମଏଧାନ ହେଇଯାଏସି...

ଧଂଗରା ସୂରୁଜର୍ ତପତ ଥିଁ
ନିଜର ନିଜର ପୁରଥୀ ବନିଯାଏସି
ଗୁଟେ ଗୁଟେ ମାୟାବିନୀ ଧାଂଗରୀ
ଛଡେଇ ନେଇ ବାଲୁତପନ-ଖେଲର ସମିଆ
ମୁଡେ ଲଦିଦେସି ଲୁଦର ଲୁଦର ବୋଝ
ମନ୍ତର ଫୁଂକସି, "ଜଲୁ ଚୁଇଲ

ସାକେତ ଶ୍ରୀଭୂଷଣ ସାହୁ ୧୫୫

ଫୁଟୁ ଚାଉଳ
ଉରଘା ହଉ ଗାଗର
ମେଟୁ ପେଟର୍ ଭୋକ"

ଖନ୍ଦୁ ଉଠିଯାଏସି ଗୁଟେ ଥପଥପାଲା ହାତ
ମୁହୁଁନୁ ନିଥରିପଡସି ଯେତକ ନିରମାୟା ନିର୍ମଳ ହଁସି
ଝଡିଯାଏସି ହାତୁଁ ଗେଲସରାଗର ଧୁଇଲ
ଧରବାରକେ ହେସି ହଲ-ନଂଗଲ
ଧରବାର ପଡସି ବନ୍ଧୁକ କି କଲମ
ହେବାରକେ ପଡସି ଶିକାରୀର ଜାଲ-ଜୁଏ-କୁକୁର
କେଭେଁ କେଭେଁ ନିଜକେ ନିଜେ ଶିକାର କରି
କହେବାରକେ ପଡସି 'ମୁଇଁ ଶିକାରୀ'!

ଝାଲ ଗଂଧି ଉଡି ଗୁଟେ କିଟକିଟେଇ ଯାଉଥିବାର ଗାଗର
ନିଜକେ ହିଁ ଦେଖସି
ଘର ଦୁଆରେ ବାଏଲ ଖେଲୁଥିବାର ବାଲୁତର ମୁହେଁ
ନିଜକେ ହିଁ ଦେଖସି
ତାର ପରିବାରର ହରେକ ନିଷ୍କପଟ ଚେହେରା ଥିଁ
ଦେଖସି ଗୁଟେ କପାରଂଗିଆ ଭବିଷ୍ୟତ...

ନିଜର ହୁରୁଦ ଭିତରେ ଗାଡସି ଗୁଟେ ମଂଗା
କାଟସି-ବାଂଧସି ସତ ସପନର ସୂତା
ଆଶାର ଉଫୁନ୍ନା, ଅସାରିଥିଁ ପାଲିସ ହେସି
ବିଶ୍ୱାସର ଜଁତୁର ଥିଁ ଆର ଟିକେ
ଚଉଡାହେସି ସପନ-କପଟାର ମୁହୁଡା
ଚେତନା କମଡାଥିଁ ହେସି ସପନର କମବଂଧା
ରଂଗ କରାହେସି, ଆର ଘାଏ ଘୁନ୍ନି ହେସି
ଜିଦ୍ଦିର ରହଁଟାଥିଁ ଯେତକି ଘୁରୁଥିଲେଁ
ହେତକି ରୋଟ ହେଉଥିସି ଧୀରଜର କାଁଡିଆ...

ବେଳ ଆସି ଦିଗବଳୟର କୁଚ ତଳେ ଜୁହା ମାରୁଥିସି
ମଂଗାଶାଳର ମାଲିକ ମାଡୁଥିସି
ପାଆଁଲି ପସରା, ଚଳଉଥିସି ମୁଇଟ
ଠୁକରଗୁଡାନୁ ମାଡ ଖାଇ ଫିରିଆସୁଥିସି ନରି
ଛକି ହେଉଥିସି ସୂତା
ଥୁନର ଅଁଟାଥିଁ ଗୁରହେଇ ହଉଥିସି
ଫୁଲଡୁବି ପଡଲା କପଟା...

ବେଲ୍ ବୁଡୁଥିସି
ମଂଗା ହଁସୁଥିସି
ଆର ଟିକେ ଟିକେ ଲଟୋକଟୋ
ହଉଥିସି ବୁନଲା ଲୁକର ଚମଡା...

ଖଁଡେ ଅଧେ ନାଇଁ
ନିଜର ନିଜର ଲୁକର ଲାଗି
ବୁନିଦେସି ଅନଗିନତ ସପନର କପଟା
ମାତର ନିଜର ଭିତରକେ
ଦେଖଲାବେଲକେ
ଆକାଶ ଲେଖେ ଶୁଇନ-ଶୁଇନ ଦିଶୁଥିସି...

ଆହା ବୁପରା କାରିଗର !
ଉନିଆକର ସଉକ ପୁରଥୀ
ଚିତ୍ରଉନ-ଚିତ୍ରଉନ
ତାର ଅଜାନତକେ ଏକା
କନ୍ଦଲି-ବିଦରି ଯାଉଥିସି
ତାର ଆଏସର ବଁଚାକୁଚା ଦଦରା ଡିହି....

ଶୋଭାକର ପ୍ରଧାନ

ଗୁନିଆରେ ମନ୍ତର ମାର

ଝରିଆଲେ ଯୁଗିନୀମନେ ପଥର ହେଇ ଯେଇଛନ
ପଥର ଉପରୁ ଝରୁଛେ ରସରସ ଆଁଖଲ
ହଁସି ମନଖୁଲି କଥା ନାଇଁ ହେବାରନ ରଙ୍ଗବତୀ
କେଭେଦିନେ ହୀରାନୀଲା ଝରଉଥିବାର ମାଏଟ
ମରଡ଼ି ମକାରେ ମୁରଝେଇ ଯଉଛେ ।

ପଦ ମନ୍ତରଟେ ଫୁଙ୍କତ ଫିରି ଭାଏଲ ଆଏବା
ସେ ହଜଲା ଦିନ
ହୀରାନୀଲା ଝରିଆଏବା ସୁନାର ମାଏଟନୁ
କର୍‌ରାମେଛା ମୁଡ଼ିକରି ଛାତି ପିଟିକରି ଠାଢ଼୍ ହେବା
ସୁରେନ୍ଦର ସାଏ, ରେଣ୍ଡୋ ମାଝୀ ମାଧୋ ସିଂହର ବୀର ପୁଓ ।

ମୁଇଠ ମାର ଫିକିହଉ ବରୁଆ ଦିହେଁ ପାଟକେ
ବୀର ରଡ଼ି ଛାଡୁ
ଆବାଜେ ଆକାଶ ପାତାଲ ଢ଼ାପିହଉ
ଥରହର ହଉ
ଛ'ମାସିଆ ବିସ୍ଥାପନ ମେଟାବାର ବଚନ ଦଉ
ମୁଡ଼ବିକି ମାଏଟ ନି ଛାଡ଼ବାର କରିଆ ଖଉ
ନାଇଁ ଶୁଇପଡୁ କୁଠି ତରାଥି ଭେବଲେଇକରି ।

କେନ ପଦ ଜାନିଛୁ ଶୁନେଇଦେ
ଅଘା ଅଁଟତେଲ ସରଲୁ ସେଲାପଥରଥି

କଲଜା ଠଂଡା ହେବାରତକ ଗାଧୁ କପିଲଧାରଥି
ଅଂଘାକରି ଗେରଫେଇ ଥଉ
ଗୁଟାମୁଟା ଗନ୍ଧମାର୍ଦ୍ଦନକେ ।

ବନେକରି ଫୁକି ଝାରିଦେ ଗୁଟେକଁଟେ
ନି ଶୁଇଥଉ ଶୁଇଲା ଛଁଚେ
ଉଠୁ, କମିହା ଆଏ କସନା ପଜଉ
ମନଡୁଲି ବାହାଲ ବିହିଡ଼ି ଦଉ
ବାରପାହାଡ଼ର ବଡ଼ ପରଜା
ସୁନାବେଡ଼ାର ସୁନାପୁଓ ପରେ ସେ ।

ଶୁନେଇଦେ, ବଜେଇଦେ, ଗରଜେଇଦେ ଦେବତାପାର
ନିଶାନ ଢ଼ୋଲ ମୁହୁରି ଚଘଉ ଦିହିଁକେ ତାର
ଚିନହୁ ନିଜକେ, ମାଏଟକେ, ମଶାନକେ, ମୁନୁଷକେ
ଫିକିହଉ ବଲିଦାନର ମହାନଏଦଥି
ଉହୁଲୁ ତେଲ ଜିରା ଉଦନ୍ତୀର ଉହୁଲେନଥି
ପଦ ମନ୍ତର ବାଜୁ ଉଠୁ ସେ
ଅଭିଶାପ ଅପମାନର ଦାଗ ମେଟେଇଦଉ ଗାଗରୁ ତାର
ମାର ପଦ ମନ୍ତର ମାର ।

ଆଶରା ନୁରା ମାହାପୁରୁମନେ

ଗାଁ'ର ଛିତକା କୁରିଆଥିନ
ବସ ଷ୍ଟେସନର ପିଢ଼ାଁଥି, ରେଲ ଷ୍ଟେସନ ପ୍ଲାଟଫର୍ମଥି
ଛଟପଟଉ ଥିସନ
ଭାଗ୍ୟ କରମକେ ଆଶରା କରି ମାହାପୁରୁମନେ ।

ଖପଲୋ ଖାପଲୋ ଲୋରୋଥୋରୋ ଦିହେଁ
ପୁଓବହର କହନି ଖୁଚା ଖେଇ
ଥିର ଭୁକେ ପେଜ ଫୁଟେ ଲାଗି
ତରସୁଥିସନ ମାହାପୁରୁମନେ,
ଆର ତ' ଜରାଶ୍ରମଥି
ଭିଡ଼ ଲାଗିଥିସି ହୁଦାହୁଦା ମାହାପୁରୁ ମନକର ।

ଡେବରି ହାତେ ଫୁକାଟେ ଲହଁପେଇ ଦେଇ
ପୁରଥୀ ଏଡ଼େ ଆଶେ ଭୁଜନି ହାତ ଲମେଇ ଦେସନ
ପାଁଚ ଦଶ ଟଁକା ଲାଗି
ବିଚ ବଜାରେ ମାହାପୁରୁମନେ ।
ମନ୍ଦିର ଭିତରର ମାହାପୁରୁକେ ମୁଡ଼ିଆ ମାରି
ବାହାରର ପିଁଢ଼ା ତରାକେ ସକାଲୁ ବେଲବସା ତକ
ଚଉଲ ମୁଠେ, ଟଁକା ସୁକେ ଲାଗି
ଲେ ଲେ ହଉଥିସନ ମାହାପୁରୁମନେ ।

ଖେତେଖଲେ ଠାଢ଼ ମଏଧାନେ
ହେମାଲ ଶୀତେ କୁସେର ପେରାନ
ଝଁକେର ପାନି ଧାନଡୁଲିନ
ମାଟି ପାନିର ଜୀବନ ଗୀତ ଗଉଥିସନ
ମାହାପୁରୁମନେ ।

ଦରପଚା କରମଥି ଦହଲେଇ ହେଇ
ମାଏଝି ଛୁଆ ସଁକଲି ନେଇ
ମାଏଟ ଗଦାନୁ ଇଟ ଛାଁଚେ ପିଟିହେଇ
ଜନମ ମାଏଟକେ ଭାଲି ହଉଥିସନ ମାହାପୁରୁମନେ ।

ଶ୍ରଦ୍ଧାଂଜଳୀ ପଣ୍ଡା

ଗୁଟେ ଫରଦ

ଇହାଦେ...
ଦୁଇ ପାହା ପଛକେ ଘୁଚି କରି ଦେଖ
ଉଲଟେଇ ଦେ ତ ଘାଏ
ତୋର ଜୀବନ ଥି ବିତି ଯାଇଥିବାର
ଜୁହ୍ନା ଫରଦ ସବୁକେ ।।

କାଣା ପାଏଲୁ ?
କେତେ ସାଉଁଟି ପାରଲୁ ନସଲା କଥା ?
ହିସାବ କରୁଥା...
ଭୋକ ନୁ ଭାତ ଆରୁ
କ୍ଷେତ୍ର ନୁ ଖେତ କେତେ ବାଟ ଯେ ?

ହେ ମଲାଟ ତଲେ ହେଁକେଇ କାନ୍ଦୁ ଥିବାର
ସରଲ ଶରାବନର ଧାର ନୁ
ହୋ ହାଲ୍ଲା ଭିତ୍ରେ ବି ନିରବି ଯାଇଥିବାର
ଗୁଟେ କଁଚା ଶବଦ
ବଦଲେଇ ପାରସି
ଗୁଟେ ଚିରି ଯାଇଥିବାର ମାନଚିତ୍ରର ଜୀବନିକେ ।।

ଏକଦମ ନିରୋଳ, ନିଶ୍ଚଳ ଭାବେ
ବାଦଲ ଫଟା ବରଷା ଥିଁ
ଉଆଁସର ଅନ୍ଧାରେ...

ବୁଡଲା ପାହାକେ ଉକିଆ ଦେଖାବାର
କମ କଥା କାଁ ?

କେ ଜାନେ...
ହେ ଉକିଆ ଲିଭୁ କି ଜଲୁ
ପାହାଟା ଜରୁର ଆଗକେ ହିଁ ଯିବା
ନୂଆଁ ସକାଲର ଖୋଜ ଥିଁ ।।

ନୀରବତାର ଛାତି ତଲେ
ଚେତି ଥିବାର ମେଲା ଫରଦ ଥି
ଦିନେ ଝରି ପଡବା
ଭାବ ସରସର ଗୀତର ଗଂଗାର ଧାରା ।।

ଖାଲି...
ଭାବ ଥି ଭିଜି ଭିଜି
ସୁର କେ
ସଜେଇ ଜାନବାର କଥା ।।

ହଜଲା ଦିନର କଥା

ଥାଉ... ଗୋ...
ଆର ନାଇଁ କହନ
ହେ ହଜଲା ଦିନର କଥା,
ସୁରତା କେ ଥୁଇ ଦିଅ ଇ ଅଂଧାର କନେ
ଆଁଖଲ ଥି ଭିଜି ଭିଜି
ଯେଭେଁ ହେଲେ ଗଜା ନାଇଁ ଦେବା ନ କାଁ ।।

ଇ ଭଂଗା, ଦଦରାର ଛାଉଁନି ତଳେ
ହଜାରେ ଯୁଗର ସପନ ମାନେ,
ଯେଉଁ ଗଢ଼ି ଦେଶନ ଗୁଟେ ନୂଆଁ ସଭ୍ୟତା,
ତୁମେ ମହୁ ଥିଁ ମହରା ମିଶେଇ
ପାଳନ କରସ ମହାମିଳନର ପରବ ।।

ତମର ଲାଗି ପରବ ବଏଲେ....
ଆର କାଣା ଯେ ?
ହେ ମୂଳ ସଭ୍ୟତା କେ
ଚକ୍ରବ୍ୟୁହର ଜାଲେ ଫସେଇ ଦେଇ
ମହାସାଗରର ମଝି ହଜେଇ ଦେବାର ତରିକା ତ ।।

ହଉ...
ତୁମେ ସେ ରଥୀ, ମହାରଥୀର ସାଂଗେ
ଯେତେ ପାରୁଛ ରଚୁଥ ଚକ୍ରବ୍ୟୁହ,
ଗୁଟେ ଅଭିମନ୍ୟୁକେ ମାରବ ତ
ମାର ନାଇଁ ଯେ... ।।

ଆଏଜ...
ମରବାର ଲାଗି ତିଆର ଅଛେ ମହାବୀର,
ତୁମର ଛଲ, କପଟର ମାୟାଜାଲୁ
ମୁକଲିବାର କଲା ଟା ନାଇଁ ଜାନି ବଲି ସିନା ।।

ତୁମେ ଭାଂଗୁଥ ସଁସାର
ହସୁଁଥ ଛଲନାର ହସଁ
ପାଲୁଥ ପରବ
ଖେଲୁଥ ନ କପଟର ପଶାଖେଲ ।।

ତୁମର ହେ ଖେଲ କେ
ଖତମ କରବାର କଲା ଥି ମାହିର ଥିବାର
ହଜାରେ ଅଭିମନ୍ୟୁ
ଫେର ଇ ମାଏଟ ଥି ଜନମ ନାଇଁ ନେବେ ।।

ଘାଏ କେ
ଜୀଇଁ ଉଠବା ହଜଲା ଦିନର କଥା,
ଆର ଭାଂଗି ପାରବ ଭାଏଲ
ଛାଉଁନି ତଲେ କାନ୍ଦୁ ଥିବାର ନୀରବତା କେ ।।

ଶ୍ୱେତା ମିଶ୍ର

କିଏ ମୁଇ

କିଏ କହେସି ମତେ
କିଏ କହେସି ମତେ ମାଁ'ର ଲାଡଲି ତ
କିଏ କହେସି ମତେ ଅଯଥା ବୋଝ
କିଏ କହେସି ମତେ ଘରର ଲକ୍ଷ୍ମୀ ତ
କିଏ କହେସି ମତେ ବାପା ର ଚିନ୍ତା
କାର ଲାଗି ମୁଇଁ ସୁନା ଝିଅ ତ
କାର ଲାଗି ବଦନାମ ନାରୀ
କହାକେ ସୁନ୍ଦର ମୁଇଁ ଖୁଲା ଆକାଶ ରେ ଲାଗସି ତ
କାହାକେ ବନ୍ଧ ପିଂଜରା ଭିତରେ
କିଏ ମତେ ଦେସି କେତନି ସେନେହ ତ
କିଏ କରସି ମତେ କେତନି ଘୃଣା
ମୁଇଁ ନି ଜାନି କିଏ ମୁଇଁ
ହେଲେ ମୁଇଁ ଜାନିଛେଁ
ଦୁନିଆଁକେ ଆଏବାର ଆଗରୁ
କେତନି ମାଁର ପେଟୁ ଜୀବନ ହାରସି ମୁଇଁ ।

ମୋର ଭାଷା

ମୋର ଭାଷା କୋଶଲୀ
ହଁ ମୋର ଭାଷା କୋଶଲୀ
ନାହିଁ ଚିହ୍ନି ପାରେ ସେ କିଏ ଅସଲି ଆଉ କିଏ ନକଲି
ସବକେ କହେସି ଇଟା ମୋର ନିଜର ଆଏ ବୋଲି

ହଁ ମୋର ଭାଷା କୋଶଲୀ
ବାକି ମୁଇଁ ବୋଧେ
ନାଇଁ ସେ ଅସଲ କୋଶଲୀ କାଁକରି କି
ମତେ ଜୁହାର ନୁ ଭଲ ହାଏ ହେଲୋ ଲାଗସି ।
ଆଉ ମୁଇଁ ମୋର ଛୁଆକେ ଅ ଆ ନୁ ବେଶୀ
ଇଈଉଊ ଶିଖାବାରକେ ଭଲ ପାଏସି ।।
ଆଉ ମୁଇଁ ମୋର ଭାଷାକେ ନିଜେ ଦବାସି
ହେଥିର ଲାଗି ତ ଇଂଲିଶ ଥି କହେଲା ଲୋକକେ
ମୁଇଁ ବାବୁ ସାର ବୋଲି ଡାକସି ଆଉ
କୋସଲି କହେଲା ଲୋକକେ ଆ'ତ ଯା'ତ କରସି ।।
ଧନ୍ୟ ମୁଇଁ ଆଉ ଧନ୍ୟ ମୋର ସୋଚ
ନିଜର କେ ନିଜର ନି କହି କରି
ପରକେ କହେସି ମତେ କର ତୁଇ ନିଜର ।

ସଂଗୀତା ଦାଶ

ଧନ ଗରବ

ପକ୍କା ଘରର କାନ୍ଥ ସୁନ୍ଦର ଦିଶୁଛେ
ଘରେ ଅଛେ ମଟର ଗାଡି
ହାତୀ ଘୁଡ଼ା ସାଙ୍ଗେ ଟଁକା ସୁନା କେତେ
ପେଟ ଯାଉଛେ ତୋର ପୁରି ।

ଡିହିବାଡି କଥା କାଣା କହେମି ଆଉ
ଅଛେ ଶହ ଶହ ଏକଡ
ସାତ ପୁରଖା ଯାଏକ ଖାଏଲେ ନାଇଁସରେ
ଦେଖ କେନ୍ତା ହେବା ବଡର ।

ମୋର ଘର ଦେଖ ମୋର ଦୁଆର ଦେଖ
ସବୁକେ ବଲୁଛୁ ମୋର
ଜୀବନ ଗଲାବେଲେ ଇ କଥା ଜାନିଥା
ନାଇଁ ରହେ ସୋର ଗୋର ।

ହିଁସା, ଅହଁକାର, ଛନ୍ଦ, କପଟ କରି
ବଡ ହେବାର କେ ତୋର ଆଶ
ଜେନ ଦିନ ମରବୁ ସେ ଦିନ ଜାନବୁ
ନାଇଁ ଜନ କିହେ ପାସ ।

ଧନ ଅଛେ ବଲି ଉଡୁଛୁ ଆକାଶେ
ପାହା ନାଇଁପଡେ ତଲେ

ଭିକାରି ମାଗଲେ ଭିକ ମୁଠେ ତତେ
ଧୁକୁର ପୁଚୁର ଦେଲା ବେଳେ ।

କଲି, ଗାଲି, ରାଗ, ବଡ଼ପଣି ତୋର
ଟେକ ପଡ଼ିଯିବା ତଳେ
ଧନ ଦରବ ତୁଇ ମୁଡଶାଲେ ନାଇଁ ନେଉ
ଏକଲା ଯିବୁ କଲେ କଲେ ।

ବେଲ ଥାଉଁନ ଥାଉଁନ ବନକେ ବାନ୍ଧରେ
କର ଟିକେ ଧରମ କରମ
ମିଛର ମାୟା ସଁସାର ଆଏ ଇଟା
ସବୁ ଆଏ ମନର ଭରମ ।

ଆସିଥିଲୁ ଦିନେ ପଳେଇ ଯିବୁ ଦିନେ
ସବୁତ ଇ ଠାନେ ଛାର
ତେଲିଆ ମୁଡେ ଆର ତେଲ ନାଇଁ ଲଗା
ଭବୁ ହେଇ ଯିବୁ ପାର ।

ଫଗୁନ ଆଇଛେ ବଲି

ଫଗୁନ ଆଇଛେ ବଲି,
ଦେଖି ମୁଇଁ ସଜେଇ ହେଲି,
ମହକି ଯାଉଛେ ଗଭାର ଗଜରା
କୁହୁକୁହୁ ସୁରେ ଗୀତ ଗାଉଛେ କୁଇଲୀ
ଝରା ବଉଳକେ ସାକ୍ଷୀ ରଖି ମୁଇଁ
ଆଖି ଯେଭେ କଜଲ ମାଖଲି
ମନ ଚଢ଼େଇଟା କହେ ଡେନା ଝାରି

ସଥେ ତୁଇଁ ଆଏବୁ ଫିରି,
ଦେଖ ମୁଇଁ ସଜେଇ ହେଲି,
ସଥେ...ଫଗୁନ ଆଇଛେ ବଲି...

ଫଗୁନ ଆଇଛେ ବଲି
ମନ ଯମୁନା ମୋର, ନାଇଁ ମାନେ ବୋଲ
ଯାଉଛେ ହରଘଡି ଉଛଳି
କେଭେଁ କାଳେବେଳେ ତୁଇଁ ଦେଖାଦେଲେ
ମନଟା ଜାଏତା ଭରି
ପାହା ଚିନହା ତୋର, ଠିକନା ଆଏ ମୋର
ବାଟ ଯୁଗି ଯୁଗି ମଲି
ସଥେ...ଫଗୁନ ଆଇଛେ ବଲି ।

ବଉଳିଆ ଧୁକା ବୁହି ଯାଉଥିସି
ସାଇଁ-ସାଇଁ ହେଇକରି
ଶୀତଲ ପରଶଟା ପାଏମି ବଲି,
ମନଟା ହେଉଛେ ଝୁରି,
କଲବଲ ଜୀବନ, ପାଏବା ସରନ,
ତୁଇଁ ରଖଲେ ଆବରି
ସଥେ ଲାଜେ ଯାଉଥିମି ମରି,
ଦେଖ ମୁଇଁ ସଜେଇ ହେଲି
ସଥେ...ଫଗୁନ ଆଇଛେ ବଲି ।

ଫଗୁନ ଆଇଛେ ବଲି,
ଫିକା ପଡି ଥିବାର ଉଦାସ ଜୀବନ ଥି,
ପିରତି ରଙ୍ଗ ଦେ ବୁନି,
ରଙ୍ଗେ ରଙ୍ଗୀ ସଙ୍ଗେ ସଙ୍ଗି କରିମତେ,
ରଖବୁ ନିଜର କରି,

ପର କଲେ ଯିମି ସରି,
ମହୁ ପଡୁଥାଉ ଝରି,
ଚାଲୁଥିମି ସାଙ୍ଗେ କେଡ଼େ ଭାବେ ରଙ୍ଗେ,
କଥା ମୁଇଁ ତତେ ଦେଲି,
ଦେଖ ମୁଇଁ ସଜେଇ ହେଲି,
ସଥେ...ଫଗୁନ ଆଇଛେ ବଲି ।

ସାଗରିକା ସାହୁ

ମକରା ଜାଲ

ଫାଲେ ଆଡ଼େ ସିଲାଲେ
ଆର ଫାଲେ ଆଡ଼େ ଚିରିହେଉ ଥିବା
ପନତ କାନି ଇ ଜଁଜାଲେ
ଗରଡ଼ି ଆଏଲେ ହେଲେ କାଏଁ ଡର ଯେ
କେତେ ଭାଙ୍ଗବା କେତେ ଲୁହେଁଇ ନେବା
ଥୁଡେ ହଜିଯିବା ସମିଆଁର ଚକା ତଲେ
ଆର ଅଧା ମିଶି ଯିବେ
କୁହୁଲା ବାଗିର ଧୁବଲା ଆକାଶେ,

ତିହାର ବାହାର ଲାଗି ଦୁଇ ପଏସା ଛଁଚି ଥଲେ
ଇଆଡ଼େ ଦଉଡ଼ି ଆଏସନ କେତେ ଜର ଖାଁସି,
ଛୁଆକର ଖାତା ସିଲେଟ, କ୍ଷେତ ସାର ଉଷୋ
ଫି ଦିନ ଗୁଟେ ରକମର ନୂଆ ନୂଆଁ ଅର୍ଦଲି
ଗୁସିଁଏନ ଲାଗି ଆନମି ବଲି ଧଡ଼ି ସପତା ଖଁଡ଼େ
ଇଆଡ଼େ ପାଚି ଯାଏସି ଡାଢ଼ି ମେଛା ।

ମାୟାଜଁଜାଲର ପରତେ ପଡ଼ି
ଦିନ ରାଏତ ବୁତରି ବୁତରି
ସପନକେ ମାରି ନେବାର ଟା
କେତେ ଦୂର୍ ଠିକ ହୋ
ସପନ ମାନେ କେଭେ ମରସନ କେଁ
ଅଧାରାତି ଫେର ବରସି ଯାଏସନ ରଝୋରଝୋ

ଆର ଅଧା ଫଡ଼ଫଡଉ ଥିସନ
ପିଞ୍ଜରା ଥିଁ ବନ୍ଧା ହେଲା ମିଟୁ ବାଗିର ।

ପରତେ ନାଇଁ ଇ ଜୀବନର ମାୟାଜାଲ କେ
ଫି ଦିନ ନାନା ଭବିସ ଇତାର
ଭୁଗଲି ଟୁପଲି ସଁସାରୁ ଗଞ୍ଜି ଗେଲଠି ଯାଏକ
ପୁଆଲ ଛିଆ କୁରିଆନୁ ପକ୍କା ଘର ଖଁଡେ ତକ
ଗରସେ ପଖାଲନୁ ଛ ତୁନ ନ ଭଜା ତକ
ଲାଙ୍ଗଛାଟ ହେଇକରି ଘଁଟରିତେଲ
ଦେଖୁଥିବୁ ବେଲେ ସୁଖ ସପନ ଟେ
ଭଙ୍ଗା ଘରେ ଚକା ଜହ୍ନର ଉକିଆ ଥିଁ
କି ମନ ଭିତର ଅଙ୍ଗାର ଖଁଡ଼େର ଉମହେଇ ଥିଁ ଯେ
ଖଁଡ ଖଁଡ ହେଇ ଯାଏସନ ସବୁ କୁକରା ଡଖାକେ ।

କିଏ ଦେଇପାରବା ଯେ ନାଁ ଗୁଟେ ଯେ ଇତାର ?
ଦରଚପିଆ ଆଶଟେ ଥିଁ ମୁଲ ହେଇ
ଚିରା ଫଟା ହେଇ ସରୁଥିବାର ଇ ସପନ ମୁଠେ କେ,
ଲାଗସି, ହଜି ଯାଇଛେ ବୋଧେ
ଦରସିଝା ହେଇ କରିଆର କାନି ଥିଁ ଗଁଠା ହେଇଥିବା
ସେ ସପନ ବୁଜଲି ଟେ
କେନ ଅକଲିଆ ଦୁନିଆଁ ଟାକେଁ,
ଆର ଆମେ ସଭେ ଛୁଟାଟାକେ ଭୁଡେଁଇ ହଉଛୁ
ଜୀବନର ମକରା ଜାଲ ଥିଁ ।

ବୁଢ଼ୀ

ଯୋର ଖଁଡିର କାଁଇଶଁଫୁଲ ବାଗିର
ସଏଗୁଟ ଧୋବ ଫର ଫର ବାଲ ତାର ମୁଡେଁ
କି ମଲିବୁଟା ର ମହକେନ ମଲି ଫୁଲ ଗୁଡ଼ାଦୁ ଯେ
ବାଆରି ନାଇଁ ହୁଏ ।

ଦାଁତ ଦିରାକ ଝଁକୁଥିସି
ବେଲ ଢଲଲେ ଯେନ୍ତା ଝଁକସନ
ଆକାଶେ ତରାମାନେ
ରିଠା ଫଲ ଥିଁ ମାଜଲା ପାଏଁଝଲ ଯେନ୍ତା ଝଁକସି
ଗଁଅଡିଏନ ଭୂଆସେନର ଗୁଡ଼େ ।

ଦିହେଁ ଫଟା ଦଦରା ସପତା ଟିକେ
ଆର ତାର ହାତର ମଏଲା ଥିଁ ପଚା
ସେ କଲିଆ ଟରଟର ବାଉଁଶବାଡ଼ି
ଅଛେ ତାର ସୁଖର ଦୁଖର ସାକ୍ଷୀ ।
ବୁଢ଼ୀ ତ ଫି ଦିନ ଆଏସି
ବୁଢ଼ୀ ଆଏଲେ ଲାଗସି
ସିନ୍ଦୁରା ଫଟେଇ କରି
ବାହାରି ଆଏଲା ନ ସୁରୁଯ ଦେବତା,
ଖରା ପଡ଼କରି ଧରତୀ ମାତା
ସୁନାରଙ୍ଗୀ କପଟା ପିନ୍ଧଲାନ ।

ତାର ଥରଥରାଲା ଟୁଡେଁ ଡାକସି
'ଏ ସା ଘରର ନୁନି,
ଆନ ପୁତା ମାଁ କାଣା କରିଛେ ଯେ' ।

ହଁସି ହଁସି ଆଏଁଖ ରେଥିଁରେଥିଁ
ତାହାକେ ଧରେଇ ଦେସି
ଚକେଲ ଦୁଇପଟ କି ମୁରହି ମୁଠେ ।

ମୋର ଠୁଟା ଗୁଲାପ ଗଛକେ ଦେଖିକରି
ଖିଜେଇ ହେଇ କହେସି ବୁଢ଼ୀ
ପତର ନାଇଁ ହୁଏ ପୁତା, ଘିଚିଦେ ବଲି
ତାର ଘୁଡ଼ାକୁ କରା ଦାତେଁ ଫେଁ କରି ହଁସି
ବୁଢ଼ୀ ନାକସୁରିଆ ପଲାସି ।

ଦେଖଲିଁ ଦିନେ ତାର ମଲା ଦିହଁ
ମଝା ବାଟେ ପଡ଼ି ମାଛି ଭଁ ଭଁ କରୁଥିଲେ ।
ମୁରଦାର ଫିକୁ ଲୋକ ଦୁଇଟା ଆସି
କଚକାଚ ଗୋଡ଼ ହାତ ଭାଙ୍ଗି
ବସ୍ତା ଥିଁ ଭରି ଛାଡ଼ି ଆଏଲେ ଯୋର ଖଁଡ଼ି ।
ବୁଢ଼ୀ ସଥେ କାଇଁଶ ଫୁଲ ହେଇଗଲା
କି ଆକାଶର ତରା ଯେ
ଆର ନାଇଁ ଆଏଲା ।

ବନେ ଦିନାଦୁ ଉତାରୁ ଆଏଜ
ମୋର ଠୁଟାଁ ଗୁଲାପ ଗଛ ପତରେଇଥିଲା
ସୁନ୍ଦରିଆ ଗୁଲାପ ଫୁଲ ଟେ
ପତର ଭିତରୁ ମତେ ଖିଜେଇ ହଉଥିଲା,
ତାହାକେ ହାତେ ସୁଆଁଲି ମୁଇଁ
ଆଁଖି ଆଖିଁଲ ବୁହେଇ
ସୁଆଁଟୁଥିଲି ବୁଢ଼ୀର ସୁରତା ସବୁ ।

୧୭୪ କୋସଲ ବାହିର ଯୁଆନ ସୋର୍

ସାବିତ୍ରୀ ସାହୁ

ତୁଇଁ ଗଲା ଉତାରୁଁ

ତୁଇଁ ଗଲା ଉତାରୁଁ...
ଆରୁ ନି ଶୁଭବାର ନ ସେ
ତେର ଦିନିଆଁ ଗୁଗା କିରଲା
ତୁମ୍ ପଡ଼ି କରି ସଭେ ଲାଗି ପଡ଼ିଛନ
ଯିଏ ଯାହାର କାମ ଧନ୍ଦା ଥି
ମୁଡେଇ କରି...!!

ତୁଇଁ ଗଲା ଉତାରୁଁ...
ହେନ୍ତା ଶୁଭୁଛେ ଧରସା ଉପରେ
ଗାଡ଼ି ମଟରର ପେଁ ପାଁ ଶବଦ
ଚଘା-ଉତରା, ବୁଚକା ପିଁଢ଼ାର
ଲଦା ଲୁଦି...!

ତୁଇଁ ଗଲା ଉତାରୁଁ...
ଆଘୋର ବାଗିର
ଫେରିବାଲା ବିକି ଆନୁଛେ
ମେନମେନସା ଲୁଭଲୁଭନିଆଁ ଦରବ
ପରା ଯାକିର ଘେରେଇଛନ
ଉସନାକି ସାଙ୍ଗେ...!

ତୁଇଁ ଗଲା ଉତାରୁଁ...
ବେଲ ନାଇଁନ କାହାରି ପାଶେ
ମାଲ ଉଲାଲା ତୋର ଫଟୁର

ସରସର ମକରା ଜାଲ କେ
ଝାରି ଦେବାର କେ...!!

ତୁଇଁ ଗଲା ଉତାରୁଁ...
କେତେ ବିହା ବରପନ
ନୂଆଁ ପିନ୍ଧନ ପଟା ସାଙ୍ଗେ
ନି ହଜି ରଥ ଦୂତିଆର ମହକ କି..
ନି ମେଟି ଫଗୁନ ପୁନିର ତହଁକ..!!

ତୁଇଁ ଗଲା ଉତାରୁଁ...
ହେନ୍ତା ହଉଛେ ପିଠାପନା,
ମଟନ, ଚିକେନ
ଫରମାଇସ ହିସାବେ
ରନ୍ଧାଘରର ଚୁଇଲ ଥି...!!

ତୁଇଁ ଗଲା ଉତାରୁଁ...
ତୋର ବସଲା ଠାନ ବି
ମେଲା ନାଇଁ ନ
ଆବରି ଦେଲେ ନ
ଗାଡ଼ି, ମଟରର ସିଟ ଭଲିଆ...!!

ତୁଇଁ ଗଲା ଉତାରୁଁ...
ଉସ୍ତାର ନି ନ, ମଶାନ କୁଦା
ତଥାପି ଅଘା ନି ଭରବାର ଯେ...
ବାଟ ଦେଖୁଛେ
ତୋର ବାଗିର
ଆର ପଟେ କେ...
ଆର ପଟେ କେ...!!

ଦୁଆରବନ୍ଧ

ଶାଶ ବି ପଲାଲା ବହ ବି ପଲାଲା
ଇ ଦୁଆର ବନ୍ଧେ ବସି,
ଷାଠେ, ପଏଁଷଠି କେ ତୁଇଁ ବି ପଲାବୁ
ନାଇଁ ଡେଗି ପାରୁ ଅଶୀ...!!

ବୁଆ ଖେଲି ଥିଲା, ଛୁଆ ବି ଖେଲୁଛେ
ଇ ଦୁଆରବନ୍ଧର ବାଟେ,
ପାଲି ଡଲି ସଭେ ପାଟ କରୁ ଅଛନ
ଇ ଜୀବନର ନାଟେ...!!

ତୁନ ଶାଗ କଟା, ସାଙ୍ଗେ ମସଲା ବଟା
ଧାନ୍, ମୁଗ, ବିରି ପଛରା,
ଦୁଆରବନ୍ଧର କନେ ଅଜେଇ ଦେସନ ନ
ବାହାରିଲେ ଯେତେ କଚରା...!!

କମେଇ ଆନିଛେ କିଏ କେତେ ଆରୁ
କେତେ କିଏ କଲା ଖରଚା,
ଦୁଆରବନ୍ଧ ଆଘେଁ ଠିଆ ହେଇ କରି
ମୁଢ଼ଇ କରସନ ଚରଚା...!!

ଝି ବିଦା ହେଲା ଦୁଆରବନ୍ଧ ଡେଗି
ଖଟି ଆସି ଢୁକେ ବହ,
ଉଧୁଲିଆ ଗଲା ପିଲା ଟୁକେଲ ମାନକୁଁ
ଦୁଆରବନ୍ଧ କହେ ରହ...!!

ଯାହା ବି ଘଟୁଛେ ଦେଖେ ଡୁଗ୍ ଡୁଗ୍
କିଛି ନି ପାରୁଛେ କରି,
ଖରା ପାଏନ ପାଇ କନ୍ଦଲି ବସୁଛେ
ଦୁଆରବନ୍ଧ ଯେଏ ସରି... !!

ସୁଦେଷ୍ଣା ମିଶ୍ର

ଖେଳ

ଛୁଆ ଥିଲାବେଳେ ଆମେମାନେ ତ
ଖେଳୁଥିଲୁଁ କେତନି ଖେଳ,
ହେଲେ ଏଭର ଯୁଗେ ଛୁଆମାନେ
ଧରି ବସଲେ ନ ମୁହବେଲ ।

କେତନି ରକମ ଖେଳ ଖେଳୁଥିଲୁଁ
ଧୁଇଲ ମାଏଟ ଲଗେଇ ହେଇ,
ହେଲେ ଆଏଜ କାଲି ଛୁଆ ଖେଲିଦେଲେ
ଇନଫେକସନ ଯଉଛେ ହେଇ ।

ଆମର ମାନକର ମନ ନି ବୁଝୁଥେଇ
ଯେତେ ଖେଲଲେ କୁଢ଼ିଁ କାଁଚି,
ଇ ଜମାନାର ଛୁଆ ଖେଲୁଛନ ଖାଲି
ମୁହୁବେଲେ ପବଜି ।

ଇସକୁଲେ ହଉ କି ଘରେ ବି ହେଉ
ଖେଲୁଥିଲୁଁ ଛିଲୋଲାଇ,
ଏଭର ଯୁଗେ ଛୁଆମାନେ ଖାଲି
ଘରେ ହଉଛନ ଗୁରେଇ ।

ବେଲ ବୁଡିଗଲେ ଖେଲୁଁ ଆମେ ମାନେ
ଖେଲ ସତେ ବିଶ ଅମୃତ,
ଇ ଜମାନାର ଛୁଆ ମୁହୁଁବେଲେ
ହେଉଛନ ଆକାଭୋତ ।

ପାଏନ ଦେଖିକରି ଛୁଆ ମାନେ ସବ
ଖେଲୁଥିଲେ ନଦୀ କି ପାହାଡ,
ଆଏଜ କାଲି ଛୁଏ ଖେଲୁଛନ ଖାଲି
ମୁହୁଁବେଲେ ଫ୍ରି ଫାୟା ।

ରଏବାର ଦିନ ଆଏଲେ କି ହେଉଥିଲୁଁ
ଖେଲବାର କାଜେ ଖୁସ
ଏଭେ ରଏବାର ଆଏଲେ ଛୁଆ
ପିଇମି ବଲୁଛେ ଜୁସ ।

ତି ତି ତା ତା ଖେଲ କେତେ ଖେଲିଛୁଁ
ତାର ହିସାବ ନେଇ,
ଏଭେ ତ କାଁଏ କାଁଏ ଖେଲ ଖେଲୁଛନ
ଟିନି ମିନି ଜଙ୍ଗଲ କେ ଯେଇ ।

ଘରେ ଦୁଆରେ ଯେନେ ଦେଖବ
ଖେଲୁଥିଲୁଁ ଗୁଟକି ଖେଲ,
ଏଭେ ହୋଇଗଲା ଛୁଆକର ଲାଗି
କ୍ଲେଶ ଅଫ କ୍ଲେନ ର ବେଲ ।

ଉଷତ ଲାଗେ ଆମକୁ ପରେ ବୋ
ମହୁଲ ବେଟା ଝାର,
ଇ ଜୁଗର ପିଲେ ସବଜ୍ଞେ ସଫ ରେ ମାତି
ଭୁଲ ଲେ ମହୁଲ ଚାର ।

ଆମ ସୁନାର ଦେଶ

ଆସରେ ପିଲେ ପଢମାଁ ଆମେ
ଆମର ଦେଶ ରାଏଜର କଥା,
ଏଟା ସବୁ ଆମେ ଜାନିକରି
ଗାଏମା ଲେଖମା ଇତାର ଗାଥା ।

ଆମର ଦେଶ ଭାରତ ଆଏ
ରାଏଜ ଟା ହେଲା ଓଡ଼ିଶା,
ଖଟି ଖଟି କରି କ୍ଷେତ ବାଡି ଥି
ଆମକୁ ଅରନ ଦେସି ଚଷା ।

ସୈନିକ ଇନ ଦେଶ ଜୁଗସି
ନି ପଶେଇ ଦିଏ ବୈରି,
ଇନ ସ୍ୱାଧୀନତା ସଂଗ୍ରାମୀ ମାନେ
ଆଏ ତ ଦେଶର ଶିରି ।

କେତନି ରୂପେ ମାହାପୁରୁ ଅଛନ
ଆମର ଭାରତ ଦେଶେ,
ଭିନ ଭିନ ଠାନେ ପୂଜା ପାଏସନ
ଅଲଗ ଅଲଗ ଭେଶେ ।

ମୁନିରଷି, ଯୁଗି, ମହାତ୍ମା ଗୁରଦୁ
ଜନମ ହେଇଛନ ଇନ,
ଖୁଜି ଦେଖଲେ ବି ଏନତା ଦେଶ
ନି ପାଉଁ ଆର କେନ ।

ସବୁ ଧରମ, ଜାତି ଲୋକ ଇନ
କରିଛନ ପରେ ଘର,

ସଭେ ମିଲିମିଶି ରହେସୁଁ ଆମେରେ
ନାଇଁ କରି କାହାକେ ପର ।

ସୁନାର ମାଏଟ ଇଟା ଆଏତ
ରୂପାର ଝରନା ଝରସି,
ଧୋବ ଫରଫର ହିରା ଲେଖେନ
ହିମାଳୟ ଝଲସି ଉଠସି ।

କେତେ ଯାନି ଯାତ୍ରା ଦେଖମାଁ ଇନେ
ତାର ସାଙ୍ଗେ ଫେନ ଖାନା
ଭାବ ଦିଆନିଆ ଚାଲସି ପରେ ଗା
ନାଇଁନ ବହନା ବିଖନା ।

ଆମର ସଂସ୍କୃତି ପରଂପରାର ପରେ
ନାଁ ପଡସି ବାବୁ ସବୁନେ
ଅଲଗା ଦେଶର ଲୋକ ଆଏଲେ ଭିଲ
ରହେମିଁ ବଲସି ଆର ଛନେ ।

କଲା କାରିଗରୀ ଭରି ରହିଅଛେ
ଆମର ଭାରତ ଦେଶେ
ହେଥି ଲାଗି ବଲି ତ ଗା ବାବୁ
ନାଁ ପଡସ ବିଦେଶେ ।

ଭାରତ ମାଁ ର ଛୁଆ ବଲି କରି
ଗରବେ ଫୁଲସି ଛାତି
ଯିଏ ଯେନ ଧରମ ର ହେଲେବି ପରେ
ଏକ ଆଏ ମୁନୁଷ ଜାତି ।

ସୁଧାଂଶୁ ଭୁଷଣ ସାହୁ

ଅଭାବର ଭୁଦୋନେ ଭାବର ତିହାର

ଜେଠ-ବଏଶାଖର ତିରପଟ ଖରାଥି
ଖୁଦରି ଖୁଦରି ଘୁମରି ଦିହେଁ
ଚିରକା ଫରକା ତା'ର ଭାଏଗ ରେଖା
ବାଆରି ହେଇ ପଡୁଥିଲା ।
ପଣ୍ଡିତ ବୁଢାର..
ତାଲ ପତରୀ ପୁଥି-ପାଞ୍ଜି ଯେନ୍ତା ।

ଝାଲେ ଝର ଝର, ଧୁଇଲ ସର ସର ହେଇ
ସମୁନ୍ଦର ଜେନ୍ତା ଡେନା ବାହାଁ ମେଲେଇ,
ଝାର, ଜଙ୍ଗଲ, ଜୀବ-ଜନ୍ତୁ ଗଛ ଖୁଁଟକେ
ଅପନେଇ ନେଉଥିଲା ସମକୁ ଗୁଟେ ଭାବେ ।

ଟାକିଥିଲା ଭଣ୍ଡାର କୁନର
ଛାତି ଥରା ଗର୍ଜନ କେ,
ଝାଉ ପବନେ ଶୁଖେଇ ଥିଲା
କେତେ ପାଏନ ଆଉ କେତେ ରକତ ଯେ,
ଚାଟି ଚାଟି ହିସାବ ରଖିଥିଲେ,
କଲିଆ-କସରା ତା'ର ଦେହର ନୁନ କେ ।

ଫେର ଠୁଁଠା ଗଛେ ପତର ଦିସଲା,
କଢ଼ ହେଇ ଫୁଲ ବି ମଗମଗାଲା,
ଧରଣୀ ପେନୁ ଗୀତ ଗାଏଲା,
ଉବୁଡହେଇ ମହାପୁରୁ ଭୁଖେ ଶୁଇଲେ ।

କିଏ ଅଛ ହୋ' ଡାକ ପଡଲା
ଛ' କୋଶ ଧୁରେ ଓ'... କରଲା
ଧଲା ପାଚେନ ବାଡ଼ି,
ଟାହିଆ ଉପରେ ଟାହିଆ ଲଦି
ତିନଟା ମୁଡ କେ ଦଶଟା ଗୋଡ଼ ଧରି
ଛପନ କୁଟିକେ ଛପନ ଭୋଗ ଦେଇ ଜଗତକେ ଦେଲା ଉଦ୍ଧାରୀ ।

ତା'ର ବାହୁ ବଲେ ସଭେ ଗଲେ ଗା ତରି
ହେଲେ ସଭେ ଗଲେ କାଏଁନ, ତାକେ ପାସରି ।
ମାଁ ଏକା ଚିହ୍ନେ ମାଟିର ଛୁଆକେ
ସୁନା କେ ଜେନତା ସୁନାରି,
ସାଗୁଆ ସଙ୍ଗେ କାଏଁଶ ଧଡ଼ିର ଶାଢ଼ୀ ପିନ୍ଧି
ଡାକୁଛେ ଲହରି ଲହରି
ସଥେ କାଏଁ ଅଂଘାକରି ପାଖରି ନେବା, ସବୁ ଦୁଃଖକେ ଝାରି ।

ଅଭାବର ଭୁଦୋନେ
ଭାବ ତିହାରକେ ଡାକି
ମାଁ ଟାକିଛେ...
ତା'ର କେତରାଖିଆ ଖରଖସିଆ ହାତେ
ଚରା ଟିକେ ଚାଟମି ବଲି,
ପିଠିର ଗାରକେ ପୁଥିପାଞ୍ଜି କରି
ବାହ୍ମନ ବୁଢ଼ା ଲଗନ ବାରିଛେ
ମାଁ, ନୂଆଁ ଚରା ଖାଇ ଆଏବା ବଲି ।

ମୁଇଁ ଜିତ ଆଏଁ

ମତେ ଚୁର ଚୁର କରି ଭାଙ୍ଗିଦେଲ
ଫେର କାଏଁ ମୁଇଁ ନାଇଁ ଉଠଲି,
ମତେ ଥର ଥର କରି ହରେଇ ଦେଲ
ଦେଖ ମୁଇଁ ଫେର ଖେଲୁଛେଁ, ବୁଲୁଛେଁ ଚାଲୁଛେଁ, ଜିଉଁଛେ ତ...
ମତେ ଯେତେ ଚୋଟ ମାରିଛ
ମୁଇଁ ହେତକି ରୋଟ ହେଇଛେଁ, ଯେତକି ଖୋଟ ବହରେଇଛ
ହେତକି ଭଲ ହେଇଛେ ମୋର ।
ଯେତକି ଅବହେଲା କରିଛ
ମୁଇଁ ସେତକି ନିଜର ଗୁଡ଼େ ନିଜେ ଠିଆ ହେଇଛେ ।
ମୁଇଁ ଅଭିମନ୍ୟୁ ନୁହେଁ
ଯାହାକେ ଫିରବାର ବାଟ ଜନା ନାଇଁଥିଲା
ଏବେ ମୋର ଆଘେ କେତନି ବାଟ
ଖାଲି ଚାଲବାର ବାକି ଅଛେ ।
ମୁଇଁ ମୁନୁଷ ଭିତରେ ସପନ ଆଏଁ
ସମାଜ ଥିବାର ତକ ଅମର ଆଏଁ
ଜିତ ମୋର ଏକା ହେବା
ତମେ ଯେତେ ଚେଷ୍ଟା କଲେ ବି ମତେ ହରେଇ ନାଇଁ ପାର ।
ମୁଇଁ ଚାଲୁଛେଁ
ଚାଲୁଥିମି...
ତୁମେ ଆସ ମୋର ପଛେ
କେଭେ ନା କେଭେ ଭେଟ ପଡ଼ମା
ଗୁଟେ ଠାନେ...,
ଯେନେ ତୁମେ ଆଉ ମୁଇଁ ଭିତରେ ଫରକ ନାଇଁ ଥିବା ।

ସୁଜାତା ଭୋଇ

ଛାତି ତଲର ଗାଁ

ଗୁଟେ ବିତଲା ବଏସ କେ
ଛାତି ଭିତରେ ବୁଚକେଇ କରି
ଗୋଡ କାଢିଥିଲି ସେଦିନ,
ଅଜନା ପୁରଥି କେ
ଅପନେଇ ନେବା ଟା
ହେତକି ବି ସହଜ ନି ଥାଇ !

ଭୁବରା, ବାହାଲ୍, ପରିଆମାଲ୍
ବାରବଖରା, କଲମୀଟିକରା
ଏନ୍ତା କେତନିକେତେ
ଲମିଆଏଲେ ବଏସର ବୁଚକାଥି !
ଆର ନିଶବଦ ଭାବେ
ଜୀବନ ତମାମ ଲାଗି
ଛାତିର ଫାଲକେ ଜୁଡିଗଲେ
ଗୁଟେ ଅଲିଖା, ମାତରକ ଅଭୁଲା ଫରଦଟେ ହେଇ ।

ଛାତିର ଆର ଗୁଟେ ଫାଲେ
ଚିତ ହେଇପଡିଥିସି ଗାଁ ଖୁଇଲ...
ଭଟକିଲା ବାଦଲକେ
ଆକାଶ ସାଆଁଟିଲା ଲେଖେଁ
ସାଆଁଟୁଥିସି ତାର ତମାମ ସୁରତା !
ହୁଦେ ଛୁଆ ସାଙ୍ଗେ ନରଦିକରି
ଏଛେନ ଭି ସେଠାନେ

ବସଲା ଝନକୁ ଦେଇ ପକଉଥିସିଁ ଅମରୁତ,
ଡେଗିଉତକି କରି ଖେଲି ପକଉଥିସି କିତକିତ-ତା ।

କିଏ ଫିରେଇଦେବା
ସେ ଗଲା ବଏସର କଥାନୀ !
ବାଟମୁହୁଁଟାନୁ ଉହୁଲିଗଲା
ଗୁନ୍ଦାଲ ସରସର ପାଏନ,
ପାଏନ ଭିତରେ ଚହଲୁଥିଲା
ଦରବୁତରା ଡଙ୍ଗା...
ଡଙ୍ଗା ଭିତରେ ସେ ରଜା ଫଟୁ,
ଯେନ ରଜାର ଥିଲି ରାନୀ !

ସତର ପୁରଖା ନୁ ଅପଟ ଲୁକେଁ ବି
ଗାଁ ଟେ ଦିଶସି ଏଭେଁ !
ଖୋବ ନିଜର ସେ,
ଦେଖୁନ ସାଏର ସତେ ଯେନତା
ପଶେ ରକତ ପାଆଁଲି ଆଏସି !
ଆକାଭୋତ ହେସି...
ମୋର ବୁଚକା ଏନ୍ତା ଆଏ !
କି ହରେକ ଛାତି ତାର ବୁଚକା ଭିତରେ
ଗୁଟେ ଗାଁ ଟେ ବୁହିଥିସି ?

ବିହନ

ଯେତେ ବଲବପୁ ଲଗେଇଦେଇ
କୁଚଲି ଦିଅ, ଦରଲିଦିଅ,
ଯାହାକରୁଛ କର
ସେ ତ ଉସ୍ତାଦ ଗୁଟେ ନୁ କମ ନାଇଁ ସେ.... !

ମାତରକ ମନେରଖ...
ଦିନେ ଖାସ ତାର ଲାଗି ମାଏଟ ଉସାସ ହେବା,
ତାର ଲାଗି ହିଁ ହୁରହୁରିଆ ପବନ ସାଙ୍ଗେ
ଭଁଡାର କୁନୁ ପାଏନ ଆଏବା !
ତାକେ ଭିଜାବା...
ସେ ଭିଜଲେ ତ ଧରତୀର
ବରନ ସାଗୁଆ ହେବା !

ସମିଆଁ ଆଏଲେ
ମାଏଟ ଫାଟି ତାକେ ଫୁଟବାର କେ
କିଏ ଅଟକେଇ ପାରବା ଭାଏଲ ?
ଆମେ ଆଁ ଫାରି ଦେଖୁଥିମା ଯାହା !
ସେ ଝୁମିଝୁମି ଗାଉଥିବା ଜୀବନର ଗୀତ,
ତମାମ ଆକାଶେ ଲେଖିଦେବାର କେ
ମାଟିର କବିତା
ନିଛକପନେ ହେବା ଆକାଶମୁହାଁ ।

ତମାମ ପ୍ରକୃତି ଯାର ଆଏତେ ଅଛେ
ଯତନ ସଖଲ କାଏଁ ଚାହାନା ତାହାକେ ?
ପାଏନ ଥିପେର ଆଶରା ନେଇଁ କାହାର ଠାନୁ,
ଫିରଭି ଦେଖୁଥ ତ
ଫଲିଫୁଲି କରି ସେ ଦୁନିଆର ପାଶେ ଏଖା
ଗୁଟାପନେ ସଅଁପି ଦେବା ନିଜକେ ।

ତାର ଭିତରେ ଜୀବନ,
ତାର ଭିତରେ ଜୀବିକା,
ସେତାର ଧରମେ ପାଏନ, କରା..

ଉସ୍ତାଦ ଆଏ ସେ...
ଦରଲି, କୁଚଲି ଦେଇ
କିଏ ଜୀଇଁପାରିଛେ ଯେ !
ମାଏଟ ଠାନୁ ଧରି ମହାଶୁଇନ ତକ ତ
ତାର ଲାଗି ହରାଭରା ।

ସୁଜିତ ସତପଥୀ

ଜନ ଗୁଟେ ଭରମ ଆଏ, ଭମର ବି

ଜନ ଗୁଟେ ଭରମ ଆଏ, ଭମର ବି
ହାଦେ କାଲି ରାତି
ଦେଖୁଥିଲିଁ ଦାଦର ଲେଖେଁ ଆକାଶେ
ଫଲସା ଗୁଛା ଲେଖେଁ ତରା
ସେ ଭିତରେ ତୋର ଲେଖେଁ ଜନ ତରାତରା

ତୁଲି ନି ପାରବାର କି
ଆଁକି ନି ପାରବାର
ମନ ଯେ କେଜାନେ କାଏଁଯେ ହରଭରା
ଉଁକିଆ ପଡିଛେ ବାଟସାରା

ଯେଭେ ବି ତୋର ଲାଗି କାଣା ଧାଡେ ଲେଖସିଁ
ଉବକି ଆଏସି ଜନ
ଯେଭେ ବି ତୋର ଲାଗି କାଣା ପଦେ ଗାଏସିଁ
ଶୁଭସି ଅବଗା ଜନ

ଲାଗସି ତୋର ଲେଖେଁ
ଜନ ଭି କନ କନ
ଅହରହ ଯେ ଚପଲୁଥିସି, ଆବରୁଥିସି,
ଇଁଚରଉଥିସି ଗୁଁଗି ନି ହେଲା ସପନ

ଇନେ କିଏ କାହାକେ
ଲଲଚଉଛେ, ଲୁଭଉଛେ, ରିଝଉଛେ
ବୁଝିବାରଟା ବଡ଼ା ମୁସକିଲ ଆଏ
ତେଭେଁ ବି ଭଉଁରା ଲେଖେଁ
ଫୁଲ ଟେ ମୁଇଁ
ସୂତା ଲେଖେଁ ଭମରଟେ
ଜନ ଆର ତୁଇ

ଇ ଭରମ ଆର ଭମର ଭିତରେ
ଧଁଦି ହେବାର ଗହକି ଯାର
ଭେଲକି, ସଲାସୁତରା, ବୁରବୁଜ
ଲେମଲେମ ହେବାର ଛଡ଼ା
କାଣା ଅଛେ ତାର

ଜନ ଗୁଟେ ଭରମ ଆଏ, ଭମର ବି
ତୁଇ ଗୁଟେ ଜନ ଅଉ, ମନ ବି
ମୁଇଁ କାଏଁନ ସିରକିଟି
ସିଁପୁଟ ସିଁପୁଟ କଲା ଗଏଁଠ ଗୁଟେ
ହିଟେଇ ନି ହେବାର କି
ଫୁଁଦଲେଇ ନି ପାରବାର ଦାଗକେ

ଯେନଟା କେ
ଘାରି ହେଇଛୁ ତୁଇ
ଆର ଘାରି ହେଉଛେଁ ମୁଇଁ

ସତସପନର ଉଁକିଆ ମୁଇଁ

କେନସିନେ କାହାକେ ନି ବାନ୍ଧି
ଢିଲି ଦେଇଛେଁ ହେତୁ ହେଲା ଦିନୁ
ପାଏନକେ, ପବନକେ
ସତକେ, ସପନକେ
ଇତିତାହିଁ ହେଲା ମହାପୁରୁକେ
ନିଜକେ ଆର ତତେ ବି

ରୁଁଗି ନି ଭି କେଭେ
ଆ ଟିକେ, ଆର ଖଁଡେ, ଆର ଗଁଚେ
ଆର ଥୁପେ, ଆର ପାହେ ବଲି
ଯେତକି ମିଲଲା, ଯାଣା ମିଲଲା
ତାହାକେ ଏକା ମାନିଛେଁ ନିଜର ବଲି
ତୁପିଛେଁ ମଁନ୍ଦା ମଁନ୍ଦା କରି

ମାଟି ଶୁଏଁ କି, ମାଏଟନୁ ହାତେ
ଖାଲ କୁଡିକରି ଶୁଏଁ
ସେ ସପନ ଏକା ଦେଖସିଁ
ପାଦେ ଚାଲେଁ କି
ପବନେ ଉଡେଁ
ସେତକି ଏକା ଲହଁପି ପାରସିଁ

ତ କାଏଁ ଯେ ବଝା ହେମିଁ
ଗେଁଡରି ପାଛରି ହେମିଁ
କାର ନେ ରିଷା ରଖମିଁ
ଚାଏର କେନିଆଁ ଜୀବନ ଇଟା

କେନଏ ସୁଖର ଆଡକେ
କେନଏ ଦୁଖର ଆଡକେ
କେନଏ ସପନ ଆଡକେ
କେନଏ ସତର ଆଡକେ
ଲମିଁଛେ, ଲମଁଉଛେ, ବୁରସାଲ ହେଇଛେ
କାଏଁ ଯେ ନିଜକେ ଛୁଚା, ଠୁଁଟା ଖୁଁଟ ଭାବମି
ଆର ବଗବଗାମି

ଲାଲିହା ଧାଜେ ଆର ଆର ଲୁଭାମି
ଜାନିଛ କି ନାଇଁ
ଲସଲସା ସତସପନର ଉଙ୍କିଆ ମୁଇଁ
କେନେ ନିଜକେ ଲୁକେଇ ପାରମି

ସ୍ୱପ୍ନା ଶର୍ମିଷ୍ଠା

ସବୁ ଜନ୍ମେ ତମେ

ମତେ ଖୋବ ଚିଆଁସି
ତମେ ଧୁରିଆ ମୋରନୁ ଥିଲେ
ତମକୁ କେନ୍ତା ଲାଗସି ଗୋ
ବାକି ମୁଇଁ କେଭେ ନାଇଁ ପଚରେ...
କେଭେ କହିପାରସିଁ
ଭଲପାଏସି ବୋଲି
ନାଇଁତ ପାରେଁ
ମନଭିତରେ ହୁରଗୁନି ଯାହା ହେଉଥିସିଁ...
ତମେ ମୋର ବଲି
ନାଇଁ କହେଁ କେଭେ ଗୋ
ମୁଇଁ ତମର ବଲି
କହିବାକେ ଚାହେଁସି....
ମୋର ଚିନ୍ତା ଚେତନାରେ
ତମେ ଗୋ ଖାଲି ତମେ
ତମର ବିନେ ମୁଇଁ
କିଛୁ ଭି ତ ନୁହେଁ ଗୋ...
ତମର ସାଂଗେ ଥିମିଁ
ସାତ ଜନମ ଲାଗି ନାଇଁ ଗୋ
ସବୁ ଜନମ ଲାଗି
ଯେତେଥର ପୁରୁଥି କେ ମୁଇଁ ଆସୁଥିମିଁ...
ଜୀବନ ନୁ ଭି ଅଏତକା
ଭଲ ପାଉଥିମିଁ

ତମେ ଥିଲେ ପାଖେ
ହଜାରେ ଦୁଖ ସହି ଜିମିଁ

ଅନ୍ଧାର ନୁ ଉକିଆ ତକ

ଉକିଆ ହେଇଛେ
କି ସେନ୍ତା ନ
ଚାର୍ହି ଦିଗେ
ଅନ୍ଧାର ଆବରି ହେଇଛେ
ଜନା ନାଇଁ
କିଛୁ ଭିଲ...
କିଏ ଜାନେ
ଯେ ଉକିଆ ହେଲାନ ବଲି କହୁଛେ
ସେ ନ ଏକା ରାଏତ ବାଗିର ଅନ୍ଧା କେ
ନିଉତା ଦେଉଛେ ....
ସବୁ ଜାନିକରି
ଘାଏ ଘାଏ
ଅଜନା ହେବାକେ ପଡସି
ଠାଏ ଠାଏ ଖରାବେଲ ବି
ଶରାବନ ବାଗିର୍ ଲାଗସି...
ବଦଲି ନାଇଁ କିଛୁ ଭିଲ
ହେଲେ ଆମକୁ
ବଦଲିଲା ବାଗିର ଲାଗସି
ଇ ରାସ୍ତା ଘାଟ ପାଏନ ପବନ
ଆମର ଜୀବନ
ମାନ ସନମାନ...
ହେଲେ

ଆମେ ଆମର
କରମ କପାଲକେ
ଦୋସ ଦେମାଁ
ଥରେ ତ ଉଠୁଁ
ଅଁଟା ଭିଡୁ
ଏକଜୋଟ ହେଉଁ
ଲଢୁ
ମରବାର ଦମ ତକ
ବଦଲେଇ ପାରମାଁ
ସବୁ
ବନେକରି
ଦେଶ କେ ଗଢି ପାରମାଁ
ସଭେ ଗୁଟେ ହେଇ କରି
ଚାଲି ପାରମାଁ
ଅନ୍ଧାର ହଟେଇ
ଉକିଆଁ ଟେ ଆନମାଁ
ହଁ .... ହଁ...
ଉକିଆଁ ଟେ ଆନମାଁ

ହେମନ୍ତ ଦୀପ

ଚିରହା ନକସା

ବାଟବନା ପୁରଥି
ବେସୁରା ମୁନୁଷ
କାହାର ଛିରଗୁଛା ନାଇଁ
ମୁନୁଷ ମୁନୁଷ ବିକବାରଥି
ଉସତାର କାଇଛେ

କେଭେଁ କେଭେଁ ବିକରି ହେସନ
ଶିଖ୍ୟାନୁ ଶିଖିତ
ହଜାରେ ଆଶାଥି
ଲଫାପା ଭିତରେଁ

କେଭେଁ କେଭେଁ
ଦାଦନର ନାଁଥି ସୁଖର ଦୁନିଆଁକେ
ଦଲାଲ ଝୁକିନେସି
ପେଟର ଭୋକ
ଟଁଟିର ଶୋଷକେ
ନି ଦେଖଲା ସହରର ଝୁଲି ଗାଡ଼େ

ଆଁଖି ଆଗେ ବଦଲି ଜାଏସି
ସହରର ଚିରହା ନକସା ଭିତରେ
ଫଟା ଦଦରା ଗାଁ ଖୁଏଲ
ଅମରି ଭନାନୁ ଖତଚୁଡ଼ା ତକ

ହରଘଡ଼ି ଇନ ମୁଲଚାଲ ହେସନ
ସପନମାନେ
ନିଆଲର ବଏନା ଥି
ନ, ହଜଲା ଦିନ
ଉହୁଲା ପାଏନ
ଲେହେଁଟି ବି ନିଦେଖେ ଛନେ
କେଭେଁ ସହର ଥିଲା କି ସାଗର

ବିକାଶର ନାଁଥି ବଦଲି ଜାଏସି
ନଖନୁ ନକସା
ବଦଲି ଜାଏସି ସ୍କୁଲ, କଲେଜ
ଇଉନିଭରସିଟି ନୁ ଇଉନିଫର୍ମ

ଦୁରନିତିର ଖଣିଆ ଇଟାଥି
ଇନ ଠିକାଦର ବି ବଦଲେଇ ପାରସି
ଛୁଆକର ଭଙ୍ଗା ସିଲଟନୁ
ନୁଆ ଯୁଜନାର ନାଁଥି
ସାତ ମହଲା ସତର କୁଠି

ଶିଖ୍ୟା ଆଏଜ ରାସନତାଲେଁ
ଜେନତା ଅନ୍ଧ କବି
ଫେର ବି ବହୁତ ଫରକ
ତାକର ଆମର ଭିତରେଁ
ଆମର ଆଏଁଖ ଥାଇ ଦେଖି ନି ପାରି
ନ ସେ ଦେଖିଥିଲେ ଦିନେ
ତାକର ସାଧନା ଥି

ଅକରତବିଆ ସମାଜଥି
ତୁଇକି ମୁଇଁ
ଗୁଟେ ରାଏତକେ
ବିକରି ହେସିଗାଁ
ଅଧରାତି ବିକରି ହେସି ମୁନୁଷପନ
ପାନସ ଟଁକାର ଉଭାଥି

ଗୁଟେ ରାଏତ ଥି ସଲଖି ଜାଏସି
କୁଜିନେତାର କପାଲ
ନ ଗାଁର ଧରସାକେ ସଲଖିବାର ଲାଗି
ହଜାରେ ରାଏତ ପାହେସି
କାହାର ସପନ ଥି

ରୁଗିଦୁଖିର ଭଙ୍ଗା ପାତୁଲଥି
ଥିର ତୁକେ କି ପସେ ଚାଉଲର
ଆଶରା ନାଇଁ
କରୋଡ଼ କରୋଡ଼ ଟଁକା ବାହାରିସି
ଦାନ ହୁଁଡ଼ିନୁ
ଜିଇଁଲା ଜାଗଲା ଦେବତା କେ
ଇନ କିଏ ପଚାରେ

ମାଟିର ପୁତଲାଥି
ଦୁରଗାନୁ ଦଶମତି

ହେଲେଁ
ଖିନଭିନ ଛିନଛତର
ବିଛି ବୁନି ହେଲା ମହତ

ଡାପବାର ଲାଗି
ବାଟେ ଘାଟେ ଉଲଗନ ହେଇ
ସାହାରାର ଛତର ବଏରଗ ଖୁଜସନ
ଜିବନ ଥିଲା ଦୁର୍ଗା, କାଲି କରାଲି
ମାଉଲି ମାନେ
ଜିଇଁଲା ଜାଗଲା ଦେବିମାନେ
ବାଟେ ଘାଟେ ଉଲଗନ ହେଇ
ଦେଶର ନକସା ଆଏ ଇଟା ।

ଶେଷ କବିତା

କବିତାର ଛଡ଼ା
ଆରୁ କାଣା ଥିଲାଜେ
ଦେଇଥିତିଁ ତତେ

ଗୁଟେ କବିତାଥି ମୁଠେ ସପନ
ଉଞ୍ଚଲେ ଶବଦଥି ଛାଡେ ଦରଜ
ସରିଗଲା ଆଖରି ଧାଡ଼ିଥି
ଆଁଖେ ଲହ

କହ ଆରୁ କଣା ହେଲେ
ଦେଇଥିତିଁ ତତେ
ଗୁଟେ କବିତା ଛଡ଼ା

ତୋର ହଁସିର ମହକଥି
ମୋର ଉସନାକ ଫୁଲ
ଆରୁ ନାଇଁ ଫୁଟେ

ପଖନେ କେଭେ ଜିବନ ଦେଖୁଛୁକେଁ?
ରାଏତ କାଏଲବି କଲାଥିଲା
ଆଏଜବି କାଲଁକ ଆଏ

ମୋର ଲେଖାଥି
କେଭେଁ କବିଟେ ତ ନାଇଁ ଥାଇ

ଖୁରେ ଭୋକ୍ ଥି
ପଖଲେଇ ହେଲା କଲମ ଗାର
ବେସାହାରାର ନୁନ ଗୁଢ଼େଥି
ହୁ ହୁ ହେଇ ଜଲୁଛେ
ଗଁଡିଆ ଘରର ପିଁଢ଼ାନୁ
ଗଉର ଘରର ପରଛି ତକ

କହ କାଣା ହେଲେ
ଦେଇଥିତିଁ ତତେ
ଗୁଟେ କବିତାର ଛଡ଼ା
ଗୁଟେ କବିତାଥି ମୁଠେ ସପନ
ଉଞ୍ଚଲେ ଶବଦଥି ଛାତେ ଦରଜ ଛଡ଼ା
ଆଏଜ ଇ ସାହିତ୍ୟନୁ
ବହୁତ ଧୁରିଆ ମୁଇଁ
କବିତାକେ କେଭେଁ
ଭେଟମି'କି ନାଇଁ ଜନାନାଇଁ ମତେ

ସବୁ ଭାବନାକେ ଝୁଲୁମୁନାଥି
ଗଁଠେଇ ଦେଇ
ଫିକି ଆସିଛେଁ
ଜିରାନଦିର ଆରଫାଲେ

ବାକି କଲମ ତ ମୋର୍
ବାଟଚଲା ମାତର
କେତେବେଲେଁ ବି ହାଁତ ଛାଡ଼ିପାରେ
ଫରଦ ଫରଦ
ଥାପି ପଡ଼ିଛେ କାଗଜ
ସବୁ ଶବଦ ଆଏଜ
ଜିବନର ଫୁଟଫାଡଥି ଆଏସ ଖୁଜୁଛନ
ଭାଏଲ ଅମର ହେଇଜିବେ
କେତେବେଲେଁ
ଗୁଟେ କବିତାଥି ।
ଯେ...
ସଥେ କାଣା
ଇ ସବୁ ଶବଦ
ଇ କବିତା
ବଦଲେଇ ପାରବା
ଇହାଦେଇ ଦୁନିଆଁ
ଜିଏ ଆଧୁନିକ ନୁ
ଅତ୍ୟାଧୁନିକ ର
ଲଗାମ ଥି
ଇ ସାହିତ୍ୟ ଦେଇ ପାରବା କେଁ ?
ବଲତକାରିକେ ଫାସିକାଠର ରସି
ଦେଇ ପାରବାକେଁ ?
ମାଆଁ ବହେନର ହରନଚାଲଥି
ସରି ଜାଉଥିବାର ସତି ନେ
ନିଏ ନିସତିର
ମହତର ରକତ ଧାରେ
ଦୁଖର ଆହାଲାଦେଁ
ଶୁଇ ପଡ଼ିଥିବାର

ସାହିତ୍ୟର ମହାଶକତିନୁ ତ
ଆହୁରି ସକତ
ମୁନଷର ମୁଖା ତଳେଁ ଲୁକିକାର
ମହାଅସୁର ମାନେ

ଜେନମାନେ
କବିତାନୁ କବି ତକ
ଝୁନିଝାନି କରି ମାରି ଖାଏବାକେ
ଜୁହା ମାରିଛନ
ଭିଲ ଭିଲ ହେଇ
କପଟର ଛୁରା ଧରି
ଆଏଜ
ଲାଚାର କବିତା
ବେସାହାରା କବି
କଲମ ବି

କହ କାଣା ହେଲେଁ
ଦେଇଥିତିଁ ତତେ
ଗୁଟେ କବିତାର ଛଡ଼ା
ଗୁଟେ କବିତାଥି ମୁଠେ ସପନ
ଉଞ୍ଚ୍‌ଲେ ଶବଦଥି
ଛାତେ ଦରଜ ଛଡ଼ା
କହ ?

କବି ପରିଚୟ

	ଅନନ୍ତ ବିଶ୍ୱାଳ (୯ ଜାନୁୟାରୀ) ହରଭଙ୍ଗା, ସାଲେଭଟା, ବଲାଙ୍ଗିର **ସମ୍ମାନ** - ସୁର ସଂଗମ ଅମୃତ ସମ୍ମାନ ୨୦୨୩
	ଅର୍ପିତା ରଣା (୧୦ ଜୁନ ୧୯୯୮) ପଦ୍ମପୁର, ବରଗଡ଼ **ସମ୍ମାନ** - ଉଦୟରାଗ (୨୦୧୯), ପ୍ରଥମା (୨୦୨୩)
	ଆକାଶ ସାହୁ (୧୯୯୭) ସାହ୍ଲେପାଲି, ଭେଡ଼ନ୍, ବରଗଡ଼
	ଆଶୁତୋଷ ମନୀଷ ମହାପାତ୍ର (୧୯୯୭) ବିଜେପୁର, ବରଗଡ଼

ଉମେଶ ବେହେରା (୧୯୯୪) କର୍ଲାବାହାଲି, ତୁରେକେଲା, ବଲାଙ୍ଗୀର ସଂପାଦକ-'କୋସଲି ପ୍ରୟାସ' ପତ୍ରିକା **ସମ୍ମାନ:** ନିର୍ଝର କୋସଲି କବି ସମ୍ମାନ ଡହଁକ ଜୁଆନ କୋସଲି ସଂପାଦକ ସମ୍ମାନ	
କବିତାରାଣୀ ଝାଂକର (୨୦୦୬) ଟକର୍ଲା, ଜିଲ୍ଲା: ସୋନପୁର	
ଗଣେଶ ବାରିକ (୧୭ ମାର୍ଚ୍ଚ) ରିନବଚନ, ବଲାଙ୍ଗୀର **ସମ୍ମାନ:** ସୃଜନ ସଳିତା ନବନୀତା ଶବ୍ଦ ସମ୍ମାନ -୨୦୧୭ କୋଶଲୀ କ୍ରିଏଟିଭ ଏବାର୍ଡ - ୨୦୧୯	
ଗୋବର୍ଦ୍ଧନ ନାଏକ (୬/୬/୧୯୯୪) ବଡ଼ଟୀକା ଲୋଇସିଂହା ବଲାଙ୍ଗିର ପ୍ରକାଶିତ ବହି - ବାମଲାମନ୍(କବିତା ସଂକଳନ), ଏକଲାପନ୍(କବିତା ସଂକଳନ)	

	ଗୋପବନ୍ଧୁ ମହାନନ୍ଦ (୧୭/୦୪/୧୯୮୮) ଗଣ୍ଡପାଲି, ବରଗଡ
	ଚିନ୍ମୟ ଛତ୍ରିଆ (୨୨/୦୫/୨୦୦୯) କୁଶମେଲ, ବଲାଙ୍ଗିର
	ଚିତ୍ତରଂଜନ ପ୍ରଧାନ (୦୨ ନଭେମ୍ବର ୧୯୯୯) ଡୁଂଗୁରୀପାଲି, ବରଗଡ଼ 'ଛୋଟେ ପଂଖୋ କା ବଡା ଗ୍ରୀନ ରୁମ' ଆଉ ପିତାମ୍ବର ନାଏକ କର ଇଂରାଜୀ ଥି ଅନୁବାଦ ହେଇଥିବା ଛ' ଟା କବିତା ଭିତରେ ଠାନ ପାଇଛେ । ଆମର ସାହିତ୍ୟ 'ଯୁବ ପ୍ରତିଭା ସମ୍ମାନ' ୨୦୨୫
	ଜୀନତମାମ ଦର୍ଜୀ (୧୪.୦୫.୧୯୯୪) ବରପାଲି, ବରଗଡ

ଡିଂଗର ନାଏକ (୨୬/୧୧/୧୯୯୭) କନାଗାଁ, ଧରମଗଡ, କଲାହାଣ୍ଡି **ସମ୍ମାନ:** ଦି ଡ୍ରିମ ମେସିନ ଏୱାଡ ୨୦୧୯, ସୂର୍ଯୋଦୟ ସାରସ୍ୱତ ଯୁବ ପୁରସ୍କାର ୨୦୨୦	
ତରଣୀସେନ ମେହେର (୦୯.୦୭ .୧୯୮୫) କଲଙ୍ଗାଡେରା, ବରଗଡ଼, ଘଂଟି ସାହିତ୍ୟ ଘର, ଚିପିଲିମା ର ପ୍ରତିଷ୍ଠାତା ସଦସ୍ୟ, ମୁଖିଆ ସଂପାଦକ, ବଛରକିଆ 'ଘଂଟି' ପତ୍ରିକା ପ୍ରକାଶିତ ହେଉଛେ, କବିତା, କଥାନି, ପ୍ରବନ୍ଧ (ହାରାହାରି ୨୦୦ ଟା କବିତା) ଲେଖିଛନ	
ଦେବସ୍ମିତା ନାୟକ (୬ ଅକ୍ଟୋବର ୧୯୯୫) ସମ୍ବଲପୁର	
ଧର୍ମରାଜ ମହାମଲ୍ଲିକ (୧୮ ଫେବୃଆରି ୨୦୦୧) କୁସୁର୍ଡା, ବରଗଡ଼ ଉଦୟରାଗ ସମ୍ମାନ, କଥା ନବପ୍ରତିଭା ସମ୍ମାନ, କାବ୍ୟଫଗୁଣ ସମ୍ମାନ, ବଉଲ ସମ୍ମାନ ଆଦି କେତନି ସମ୍ମାନ ଥି ସମ୍ବର୍ଦ୍ଧିତ	

	ନବୀନ ସାହୁ (୭ ନଭେମ୍ବର ୧୯୯୩) ବେହେରାଟାଲ, ବରଗଡ଼
	ନୀଲାଦ୍ରି ନାଥ ରାଉତ (୧୫-୧୧-୧୯୯୩) ଯମୁନାବାହାଲ, କଳାହାଣ୍ଡି
	ପ୍ରଶାନ୍ତ ପ୍ରଧାନ (୧୨.୦୭.୧୯୮୮) ବୁରୋମୁଣ୍ଡା, ବରଗଡ଼ **ପ୍ରକାଶିତ ବହି** - ରତୁ ପ୍ରେମ ବିରହର **ସମ୍ମାନ** - ଟାଇମ୍‌ପାସ ପ୍ରଥମା ପୁରସ୍କାର, ସୌରଭ ଯୁବ ପ୍ରତିଭା ସମ୍ମାନ
	ଫିରୋଜ କୁମାର ପଟେଲ(୪ ଜୁଲାଇ ୧୯୯୬), ଅବନକେଲା, ସୁନ୍ଦରଗଡ **ପ୍ରକାଶିତ ବହି** - ଜୀବନର ପାହାଁଚିହ୍ନା, ଫିରୋଜର କଥା **ସମ୍ମାନ** - ସୃଜନ ସଳିତା ନବନୀତା ଶବ୍ଦ ସମ୍ମାନ - ଲହରୀ ସମ୍ମାନ-୨୦୧୭ - ନୃପତି ଦେହେରୀ ଯୁବ ସମ୍ମାନ

ବସନ୍ତ କୁମାର ମହାକୁର (୧୦.୦୫.୧୯୯୪) ମହୁଲପାଲି, ଟାଂପରଗଡ, ସମଲପୁର	
ବିବୁଲ ମହାକୁର (୧୭ ଜୁନ୍ ୧୯୯୬) ବୁର୍ଡ଼ା, ବଲାଙ୍ଗୀର **ସମ୍ମାନ** - ପ୍ରତିଭା ସମ୍ମାନ -୨୦୨୪ - ଉଦୟରାଗ ସମ୍ମାନ -୨୦୨୪	
ବିକାଶ ଚନ୍ଦ୍ର ମେହେର (୨୮/୧୧/୧୯୯୧) ଗମ୍ଭାରୀ, ବଲାଙ୍ଗିର	
ବ୍ରଜମୋହନ ମେହେର (୧୮/୦୬/୧୯୮୬) କୋସଲିବସା, ତୁକଲା, ନୂଆପଡ଼ା **ପ୍ରକାଶିତ ବହି:** ବ୍ରଜବିଲାସ, ବ୍ରଜବିଲାପ, ପ୍ରେମତରଙ୍ଗିଣୀ, କବିତା କାରୁଣ୍ୟ, କବି ଆରୁ କବିତା, ଫୁଲମତି, ରୁପାଂଜଲି, ତୋର ଲାଗି, ଲୋପାଲହରୀ, ସ୍ରବନକୁମାର (କୋଶଲୀ କାବ୍ୟ), ମାଟିର ସୋର (କୋଶଲୀ କବିତା ସଂକଳନ) । 'ଗଛ ଆରୁ ଚେରେ', 'ଖରଡିଆ ଚେରେ', 'ଘାଁଟୁମାଝି ଆର ଉନଜା କବିତା' କବିତା ବହି ବାହାରବାର ଅଛେ ।	

	ବୃନ୍ଦାବନ ପ୍ରଧାନ (୨୯/୧୨/୧୯୮୬) ବାଉଲସିଁହା, ବରଗଡ **ବହି:** ସେ ଆଉ ମୁଇଁ (୨୦୨୨) **ସମ୍ମାନ:** କଲମ ସାହିତ୍ୟ ସଂସଦ, ଷ୍ଟୋରି ମିରର, ନୂଆଁ ସକାଳ ଆର ସଏଲତା ସାହିତ୍ୟ ଅନୁଷ୍ଠାନ ତରଫରୁ କୋଶଳ ଯୁବ ପ୍ରତିଭା ସମ୍ମାନ - ୨୦୧୨, ଅ ପ୍ରତିଭା ସମ୍ମାନ ୨୦୨୪
	ଭକ୍ତ ଚରଣ ସୁନାନୀ (୧୨ ଡିସେମ୍ବର) ଖୁଂଟିଆ, କଲାହାଣ୍ଡି
	ଭୋଲାରାମ କୁମ୍ଭାର (୨୯ ଜାନୁୟାରୀ ୧୯୯୫) କୁତମୁଣ୍ଡା, ପାଟନାଗଡ, ବଲାଙ୍ଗୀର **ସମ୍ମାନ:** ରାଜ୍ୟ ସ୍ତରୀୟ ଲୋକକଲା ମହୋତ୍ସବ-୨୦୨୫, 'ଗଁଡାବଜା ଯୁବ ଗବେଷକ ସମ୍ମାନ' ବଣାଇଗଡ, ସୁନ୍ଦରଗଡ଼
	ମହେଶ୍ୱର ପ୍ରଧାନ (୧୨/୦୧/୧୯୯୬) ଧୂଲୁଣ୍ଡା, ଝାରସୁଗୁଡ଼ା **ସମ୍ମାନ:** ଉଦୟରାଗ ସମ୍ମାନ -୨୦୨୨

ମାନସ ଷଡଙ୍ଗୀ (୦୬/୦୬/୧୯୯୦) ବିଜେପୁର, ବରଗଡ଼ **ବହି:** ଉପାସୀ ପିଠିଁ ଖରା	
ମାନିନୀ ମେହେର (୧/୩/୧୯୮୯) ପଡା, ବିଜେପୁର ବରଗଡ, **ବହି:** କଢୋ **ସମ୍ମାନ:** ତହଁକ ସମ୍ମାନ ବଲାଂଗିର ୨୦୧୮, ନିର୍ଝରିଣୀ ଭାବର ପଦେ ଝରିଏଲ ୨୦୧୮, ରୁମକୁ ଝୁମାନା ବିନକା ସୋନପୁର ୨୦୧୯, ଖଡିଆଲ ସାହିତ୍ୟ ସମିତି ୨୦୨୧, ବରଗଡ ପୁସ୍ତକ ମେଲା ୨୦୨୧, ଘାଏ ଦେଖତ କଲାପଟା ୨୦୨୪, କୋଶଲୀ ଭାଷା ସୁରକ୍ଷା ସମିତି ୨୦୨୫	
ମୁରଲୀ ଶିକା (୦୫ ନଭେମ୍ବର) କୁତୁର୍ଲା, ବଲାଙ୍ଗୀର **ବହି:** କେନ ଖେତର ଢ଼େଲ (୨୦୨୧) **ସମ୍ମାନ:** ଆକାଶବାଣୀ ଶ୍ରୋତାସଂଘ ବଘଲା ଶ୍ରୋତା ସମ୍ମାନ, ଗଣ୍ଡାବଜା ଖବରକାଗଜ ବଲାଙ୍ଗୀର ତରଫୁଁ ଜୁବ ସାହିତ୍ୟ ସମ୍ମାନିତ, ଆକାଶବାଣୀ କଟକ ଶ୍ରୋତାସଂଘ ଶ୍ରେଷ୍ଠ ଶ୍ରୋତା ସମ୍ମାନ, ପାଟଣେଶ୍ୱରି ସାହିତ୍ୟ ସଂସଦ ଟ୍ରଷ୍ଟ ତରଫୁଁ ଗ୍ରାମ୍ୟ କବି ରତ୍ନ ଚୁଡ଼ିମଣୀ ସମ୍ମାନ, ପରବାସୀ ଯୁବ ସାହିତ୍ୟ ସମାନ	
ରମାକାନ୍ତ ନାଏକ (୧/୬/୧୯୯୦) ଶିକାଛିଡା, ଦେଓଗାଁ, ବଲାଙ୍ଗୀର **ସମ୍ମାନ:** (୧) କୋଶଲ ଯୁବ ପ୍ରତିଭା ସମ୍ମାନ – ୨୦୧୨, ସଏଲତା ଆରୁ ନୁଆଁ ସକାଲ ପତ୍ରିକା ତରଫନୁ (ଘେଁସ, ବରଗଡ), (୨) ଟାଇମ ପାସ ଉଦୟ ରାଗ ସମ୍ମାନ –୨୦୨୦ (ଭୁବନେଶ୍ୱର) (୩) ଭୂମିକା ବିଷୁବୋତ୍ସବ –୨୦୨୩, ବଲାଙ୍ଗୀର	

	ରମେଶ ବାରିକ (୧୧.୦୫.୧୯୮୫) ଝାଙ୍କର ପରା, କଂଟାବାଞ୍ଜି, ବଲାଙ୍ଗୀର **ସମ୍ମାନ:** ନିର୍ଝରିଣୀ ଯୁବ ପ୍ରତିଭା ସମ୍ମାନ ୨୦୨୦
	ରାଧେଶ୍ୟାମ ସାହୁ (୪/୬/୧୯୮୮) ପୁଡ଼ାପଦର, ବଲାଙ୍ଗିର
	ରାଜେଶ ଡଣ୍ଡସନା (୨୮/୬/୧୯୮୬) ବଘଲା, ଚନ୍ଦନଭାଟୀ, ବଲାଙ୍ଗିର ସଂପାଦକ - କୋଶଲି ପତ୍ରିକା ଡହଁକ
	ରାଜେଶ ପୂଝାରୀ (୨୫/୬/୧୯୯୪), କୁଶମେଲ, କପିଲାପୁର, ଝାରସୁଗୁଡ଼ା, **ଛପା ବହି:** ଆଶା ନିରାଶା, ଉକିଆର ଖୋଜ୍ (କବିତା ସଙ୍କଳନ), **ସମ୍ମାନ:** ସୁଲେଖା ଯୁବ ପ୍ରତିଭା ସମ୍ମାନ, ସବୁଜ କବି ସମ୍ମାନ, ପଲ୍ଲବୀ ଯୁବା ଲେଖନୀ ପୁରସ୍କାର, ଜ୍ଞାନ ସାରଥୀ ପ୍ରତିଭା ସମ୍ମାନ, ବଣମଲ୍ଲୀର ମହକ ଶ୍ରେଷ୍ଠ କବିତା ସମ୍ମାନ, ୟୁଥ୍ ଉତ୍କଳ ଲିଟରେଚର ଆୱାର୍ଡ଼, ଉଦୟରାଗ ସମ୍ମାନ, ସୃଜନ ସଲିତା ନବନୀତା ଶବ୍ଦ ସମ୍ମାନ, ଯୁବସ୍ୱର ସମ୍ମାନ, କଥା ନବପ୍ରତିଭା ସମ୍ମାନ, ସମ୍ବାଦ ଏ ମାସର ଲେଖକ ସମ୍ମାନ, କାବ୍ୟ-ଫଗୁଣ ପୁରସ୍କାର ଆଦି ।

ରିଂକୁ ମେହେର (୩୦/୫/୨୦୦୧) ଲାଠୋର, ବଲାଙ୍ଗିର **ସମ୍ମାନ:** ଯୁଆନ ପ୍ରତିଭା ସମ୍ମାନ ରାଇଟ ଟୁ ଫାଇଟ କ୍ଲବ ଲାଠୋର ୨୦୨୩, ମାଟିଲଗ୍ନା ଯୁବ କିଶଳୟ ସମ୍ମାନ ୨୦୨୩, ଶକ୍ତି ଟିଭି ଯୁବ ସ୍ରଷ୍ଟା ସମ୍ମାନ ୨୦୨୩, ସାହିତ୍ୟ ସାଥୀ ସମ୍ମାନ ୨୦୨୪, କଲାଦହନା ସାହିତ୍ୟ ସାଂସ୍କୃତିକ ଅନୁଷ୍ଠାନ ବରଗଡ ଜ୍ଞାନଶ୍ରୀ ସମ୍ମାନ ୨୦୨୪, ପୁରୀ, ସାହିତ୍ୟ ସୃଜନ ପୁରସ୍କାର ୨୦୨୪, ସୂର୍ଯୋଦୟ ଯୁବ ପ୍ରତିଭା ସମ୍ମାନ, ୨୦୨୪ ସୂର୍ଯୋଦୟ ଭାଷା ସାହିତ୍ୟ ପ୍ରତିଷ୍ଠାନ ଭୁବନେଶ୍ୱର, ସାହିତ୍ୟ ସୌରଭ ସମ୍ମାନ ୨୦୨୫, ବରଗଡ	
ରୋଶନ ସାହୁ (୧ ଜାନୁଆରୀ ୨୦୦୦) ତରଭା, ସୋନପୁର **ସମ୍ମାନ:** ଶରଧା ବାଲି ସମ୍ମାନ ୨୦୨୪ ସାହିତ୍ୟ କୁସୁମ ସମ୍ମାନ ୨୦୨୪ ନିଷାନ କବିତା ସମ୍ମାନ ୨୦୨୫ ସାହିତ୍ୟ ସ୍ରଷ୍ଟା ସମ୍ମାନ ୨୦୨୫	
ଲକ୍ଷ୍ମୀଧର ବିଭାର (୧୧/୮/୧୯୯୦) ମାଲିସିରା, ଟିଟିଲାଗଡ଼, ବଲାଙ୍ଗିର	
ଲିପସା ବାରିକ (୧୯୯୭) କୁଦୋପାଲି, କନସିଂହା, ବରଗଡ **ସମ୍ମାନ:** ସିରଜିନା ନୂଆଁମୁହଁ ସମ୍ମାନ	

	ଶମ୍ଭୁପ୍ରସାଦ ଘିବେଲା (୨୪ ମାର୍ଚ୍ଚ, ୨୦୦୦) ଚିଟିକାମାଲ, ଖପ୍ରାଖୋଲ, ବଲାଙ୍ଗିର
	ଶଶୀକାନ୍ତ ମେହେର (୧୧/୩/୨୦୦୦) ଜମଲା, ପଦ୍ମପୁର, ବରଗଡ଼
	ଶିବ ପ୍ରସାଦ ସା (୨୮/୪/୧୯୮୬) ଭଇଁଷା, ବଲାଂଗିର **ସମ୍ମାନ** କୋଶଲ ଯୁବ ପ୍ରତିଭା ସମ୍ମାନ ୨୦୧୨, ସଏଲତା-ନୂଆଁ ସକାଲ, ଘେଁସ
	ଶିବାନନ୍ଦ ବନଛୋର (୨୩/୬/୧୯୯୭) ଶକ୍ତି, ଝାରବନ୍ଧ, ବରଗଡ

ଶିଶିର କୁମାର ପାଣିଗ୍ରାହୀ (୨୪.୦୫.୧୯୯୫) ଜମଲା, ପଦମପୁର, ବରଗଡ଼ **ସମ୍ମାନ:** ୧) କଥା ନବପ୍ରତିଭା ୨୦୨୩ ୨) Unity In Creativity କଂଟେଷ୍ଟ ଥି ଲୋରି ଲେଖା ଲାଗି ଜାତୀୟ ପୁରସ୍କାର	
ଶୋଭାକର ପ୍ରଧାନ (୧୨ ଫେବୃଆରୀ) ବେଦ୍ଦେର, ହରିଶଙ୍କର ରୋଡ଼, ବଲାଙ୍ଗୀର **ସମ୍ମାନ:** କଥା ନବପ୍ରତିଭା ସମ୍ମାନ, ଉଦୟରାଗ ସମ୍ମାନ, ସୂର୍ଯ୍ୟୋଦୟ କବିତା ସମ୍ମାନ, ପାଟଣେଶ୍ୱରୀ ସାରସ୍ୱତ ସମ୍ମାନ, ସୃଜନ ସନ୍ତକ ସମ୍ମାନ (ଓଡ଼ିଶା ସାହିତ୍ୟ ଏକାଡେମୀ), ଶକ୍ତି ଟିଭି ସାହିତ୍ୟିକ ସମ୍ମାନ, କୂଳ ପ୍ରତିଭା ସମ୍ମାନ ।	
ଶ୍ରଦ୍ଧାଂଜଳୀ ପଣ୍ଡା (୨/୧/୧୯୮୭) ବିନିକା, ଗଣେଶ ପୁର, ସୋନପୁର	
ଶ୍ୱେତା ମିଶ୍ର (୧୫/୦୪/୨୦୦୧) ବଲାଙ୍ଗୀର (ତେଲିଗୋଠ ପଡା) **ସମ୍ମାନ:** ଭୂମିସୁତା ସମ୍ମାନ ପ୍ରୀତି ପ୍ରଣତି ସାହିତ୍ୟ ପରିବାର ୟୁଟ୍ୟୁବ ପ୍ରତିଯୋଗିତା	

	ସଙ୍ଗୀତା ଦାଶ (୨୫/୦୬/୧୯୯୫) କନକବିରା, ବରଗଡ. **ସମ୍ମାନ** - ବ୍ୟଙ୍ଗ କୁଇନ ସମ୍ମାନ
	ସାଗରିକା ସାହୁ (୮ ନଭେମ୍ବର ୧୯୯୮) ପାଟକୁଲୁଣ୍ଡା, ବରପାଲି, ବରଗଡ଼ **ସମ୍ମାନ:** ବରଗଡ଼ ପୁସ୍ତକ ମେଳା ୨୦୨୪ କାବ୍ୟ ଫଗୁଣ୨୦୨୪ ଲଖନପୁର ଲୋକ ମହୋତ୍ସବ ୨୦୨୫
	ସାବିତ୍ରୀ ସାହୁ (୨୦/୦୧/୧୯୮୧) ଧଣ୍ଡାମୁଣ୍ଡା, ଖପ୍ରାଖୋଲ, ବଲାଙ୍ଗୀର **ସମ୍ମାନ:** କୋସଲ ଯୁବ ସମ୍ମାନ, ନିଷାନ ପ୍ରତିଭା ସମ୍ମାନ, ତେଜସ୍ୱିନୀ ନାରୀ ପ୍ରତିଭା ସମ୍ମାନ, ନିଷାନ ଏକପଦୀ କବିତା ସମ୍ମାନ, ରାଜ୍ୟ ସ୍ତରୀୟ ଗଳ୍ପ ସମ୍ମାନ, ନିଷାନ ଅଠାରୀ କବିତା ସମ୍ମାନ ଆଦି ।
	ସୁଦେଷ୍ଣା ମିଶ୍ର (୦୨/୦୧/୧୯୯୮) ସାଗରପଡା, ବଲାଙ୍ଗିର

ସୁଧାଂଶୁ ଭୂଷଣ ସାହୁ (୨ ଜୁଲାଇ ୧୯୮୭) ଗୁଂଚାମାଲ, କିଲାସମା, ସମ୍ବଲପୁର ସହ ସଂପାଦକ, ଘଂଟି ସାହିତ୍ୟ ଘର ଚିପିଲିମା	
ସୁଜାତା ଭୋଇ (୨୦/୫/୧୯୯୫) ବଡମାଲ, ଢୁଙ୍ଗୁରୀ, ବରଗଡ **ସମ୍ମାନ:** ଉଦୟରାଗ ସମ୍ମାନ, ଭୁବନେଶ୍ୱର	
ସୁଜିତ ସତପଥୀ (୦୨/୦୭/୧୯୯୧) ବାଗାଶ୍ରିତା, ସାଲେଭଟା, ବଲାଙ୍ଗିର, ନୁରା (୨୦୨୨) **ସମ୍ମାନ:** ଅଖିଳ ଯୁବ କବି ସମ୍ମାନ ୨୦୧୬, ସୃଜନ ଯୁବ କବି ସମ୍ମାନ ୨୦୧୮, କାବ୍ୟ ଫଗୁଣ ଯୁବ କବି ସମ୍ମାନ ୨୦୧୮, ନୂଆସ୍ୱର କବିତା ସମ୍ମାନ ୨୦୧୬ ଭୁବନେଶ୍ୱର କବିତା ଉତ୍ସବ, ସୁଭାଷ ପରବ୍ ସମ୍ମାନ ୨୦୧୭ ନେତାଜୀ ସଂଗ୍ରାମୀ ପରିଷଦ, ବଲାଙ୍ଗିର, ସତ୍ୟବାଦୀ ସମ୍ମାନ ୨୦୧୮, ସତ୍ୟବାଦୀ ଯୁବକ ସଂଘ ଜେମାପାଲି, ପରବାସୀ ଯୁବ ପ୍ରତିଭା ସମ୍ମାନ ୨୦୨୨, ଯୁବ କବି ସମ୍ମାନ ୨୦୨୨, ଓଡିଶା ସାଂସ୍କୃତିକ ସମାଜ ସମ୍ବଲପୁର, ଯୁବ କବି ସମ୍ମାନ ୨୦୧୫, ସମ୍ବାଦ ସାହିତ୍ୟ ଘର ଭଂଜନଗର, କବି ଲକ୍ଷ୍ମୀକାନ୍ତ ସାହା ସ୍ମୃତି ସମ୍ମାନ ୨୦୨୧, ଚେତାବନୀ ସାହିତ୍ୟ ସଂସଦ କେସିଙ୍ଗା, ଡ. ନୀଳମାଧବ ପାଣିଗ୍ରାହୀ ସମ୍ମାନ ୨୦୨୪ ସମ୍ବଲପୁର ବିଶ୍ୱବିଦ୍ୟାଳୟ, ମହାନଗର ପୁସ୍ତକମେଳା ଯୁବ ପ୍ରତିଭା ସମ୍ମାନ ୨୦୨୪, ବ୍ରହ୍ମପୁର, ନାଟ ଉଦୟ କବି ପ୍ରତିଭା ସମ୍ମାନ ୨୦୨୫, ନାଟ ସୁବର୍ଣ୍ଣପୁର	

	ସ୍ୱପନା ଶର୍ମିଷ୍ଠା ମିଶ୍ର (୨୭.୦୭.୧୯୯୧) ବୁଦେଲବାହାଲି, ନାରାୟଣପୁର, ସୁବର୍ଣ୍ଣପୁର **ସମ୍ମାନ:** ଯାଜ୍ଞସିନୀ ସମ୍ମାନ କଖଡ଼ି, ମହାବୀର ସାହିତ୍ୟ ସଂସଦ କଟକ ଚିତ୍ର ସାହିତ୍ୟ ସମ୍ମାନ ପୁରୀ, ମହିଳା ସମ୍ମାନ ବସନ୍ତ ସୋସିଆଲ ଫାଉଣ୍ଡେସନ, ନୂଆ ଦିଲ୍ଲୀ, ତନୁସାନ ପରିବାର ସମ୍ମାନ, ସୋନପୁର
	ହେମନ୍ତ ଦୀପ (୧୯୯୪), ବରଗଡ **ବହି** - ଏକଲା ଏକଲବ୍ୟ, ତମର ଗଲା ଦିନୁ, ହଜଲା ଇତିହାସଥି ଲୁକଲା ମୁନୁଷ, **ସମ୍ମାନ** - ସିରଜିନା ସାହିତ୍ୟ ସମ୍ମାନ ୨୦୨୩ ଯୁବ ସାହିତ୍ୟିକ ସମ୍ମାନ ୨୦୨୪ କୋସଲି ଭାଷା ସମ୍ମାନ ୨୦୨୪ ଆମର ସାହିତ୍ୟ ଯୁବ ପ୍ରତିଭା ସମ୍ମାନ ୨୦୨୫